演習 保育内容
健　康
— 基礎的事項の理解と指導法 —

河邉貴子
吉田伊津美 編著

内田裕子
金澤妙子
鈴木康弘 共著

建帛社
KENPAKUSHA

はじめに

　生まれた時にはおよそ体重3,000g，身長50cmほどの赤ちゃんが，1年後には体重が約3倍，身長が約1.5倍に成長する。体の成長だけではない。親の庇護のもとで，眠っては泣き，泣いてはミルクを飲んでいた新生児が，1年後には自分の興味があるものに向かって手を伸ばし，歩いて向かおうとする。この驚異的な心身の成長・発達を目の当たりにすると，人間のもつ素晴らしい能力や可能性に感動すらおぼえる。

　大人として，この可能性をどう支えていくべきだろうか。子どもたちが生涯にわたって健康で安全で幸福な生活を送るために，幼児期をせいいっぱい生きる彼らに私たちは何をなすべきだろうか。

　領域「健康」では，人間が生きていくためのベースである健康な生活の基盤をどう育てるかについて学ぶ。現代社会の状況は，子どもたちが健康で安全な生活を送るには，ふさわしいとは言えなくなってきた。だからこそ，幼稚園・保育所等の幼児教育施設が果たす役割はますます大きくなっている。子どもたちの体の発達や運動発達を理解し，子どもに必要な体験とは何かをしっかり学んでいただきたいと思う。

　2017（平成29）年改訂の幼稚園教育要領等における領域「健康」の主な改正点は，育みたい資質・能力が三つの柱に整理されたことに伴う変更と食育の強化，幼児期運動指針の策定を受け多様な動きの経験をすることの明記，安全に関し「健康」に位置付けられる形での再整理が挙げられる。

　本書は，教職課程コアカリキュラムの教育内容をより具体的に示したモデルカリキュラム（保育教諭養成課程研究会，2017）に準拠した内容となっている。主に前半の第1章から第7章は「領域『健康』に関する専門的事項」，第8章から第10章は「保育内容『健康』の指導法（情報機器及び教材の活用を含む。）」を中心に構成し，モデルカリキュラムの到達目標に対応した内容とした。また各章には，主体的・対話的で深い学びとなる過程を保証する授業展開となるよう「予習の課題」と「まとめの課題」を掲載

し，専門的事項や理論を踏まえた根拠に基づく指導ができるようになることを意図した構成としている。さらに本書は，保育所保育指針，幼保連携型認定こども園教育・保育要領の改訂（定）にも対応し，乳児の保育，1歳以上3歳未満児の保育も考慮した内容になっている。

　本書を，保育者を目指す学生の教科書として，また現職保育者のリカレント教育の参考書として役立てていただければ幸いである。

2019年5月

　　　　　　　　　　　　　　　　　　　　　　　編者　河邉貴子
　　　　　　　　　　　　　　　　　　　　　　　　　　吉田伊津美

A．モデルカリキュラム「幼児と健康」における到達目標と本書の対応項目

（1）幼児の健康

〈一般目標〉

幼児期の健康課題と健康の発達的意味を理解する。

〈到達目標〉	本書の対応章
1）乳幼児期の心と体，運動発達などの健康課題を説明できる。	第2・3・9章
2）健康の定義と乳幼児期の健康の意義を説明できる。	第1章

（2）体の諸機能の発達と生活習慣の形成

〈一般目標〉

幼児期の体の諸機能の発達と生活習慣の形成を理解する。

〈到達目標〉	本書の対応章
1）乳幼児の体の発達的特徴を説明できる。	第2章
2）乳幼児の基本的な生活習慣の形成とその意義を説明できる。	第1・5・7章

（3）安全な生活と病気の予防

〈一般目標〉

安全な生活と怪我や病気の予防を理解する。

〈到達目標〉	本書の対応章
1）幼児の安全教育・健康管理に関する基本的な考え方を理解している。	第4章
2）幼児期の怪我の特徴や病気の予防について説明できる。	第4章
3）危険に関しリスクとハザードの違いと安全管理を理解している。	第4章

（4）幼児期の運動発達と身体活動

〈一般目標〉

幼児期の運動発達の特徴と意義を理解する。

〈到達目標〉	本書の対応章
1）乳幼児期の運動発達の特徴を説明できる。	第3章
2）幼児期において多様な動きを獲得することの意義を理解している。	第3・6章
3）日常生活における幼児の動きの経験やその配慮など身体活動の在り方を説明できる。	第6・9章

B．モデルカリキュラム「保育内容「健康」の指導法」における到達目標と本書の対応項目

（1）領域「健康」のねらい及び内容	
〈一般目標〉	
幼稚園教育要領に示された幼稚園教育の基本を踏まえ，領域「健康」のねらい及び内容を理解する。	
〈到達目標〉	本書の対応章
1）幼稚園教育要領における幼稚園教育の基本，領域「健康」のねらい及び内容並びに全体構造を理解している。	第8章
2）領域「健康」のねらい及び内容を踏まえ，幼児が経験し身に付けていく内容と指導上の留意点を理解している。	第8章
3）幼稚園教育における評価の考え方を理解している。	第8・10章
4）領域「健康」において幼児が経験し身に付けていく内容の関連性及び小学校の教科等とのつながりを理解している。	第9章
（2）領域「健康」の指導方法及び保育の構想	
〈一般目標〉	
幼児の発達や学びの過程を理解し，領域「健康」に関わる具体的な指導場面を想定した保育を構想する方法を身に付ける。	
〈到達目標〉	本書の対応章
1）幼児の心情，認識，思考及び動き等を視野に入れた保育構想の重要性を理解している。	第1・3・5・6・8章
2）領域「健康」の特性及び幼児の体験との関連を考慮した情報機器及び教材の活用法を理解し，保育構想に活用することができる。	第10章
3）指導案の構造を理解し，具体的な保育を想定した指導案を作成することができる。	第5・6・7・10章
4）模擬保育とその振り返りを通して，保育を改善する視点を身に付けている。	第8・10章
5）領域「健康」の特性に応じた現代的課題や保育実践の動向を知り，保育構想の向上に取り組むことができる。	第1・9章

目次

第1章 健康とは何か …………………………………………… *1*

1. 健康で安全な生活とは……………………………………… *1*
   - （1）健康の定義　*1*
   - （2）乳幼児期に大切な健康で安全な生活　*2*
2. 幼児期にふさわしい生活とは何か………………………… *3*
   - （1）遊びの保障　*3*
   - （2）生活リズムの獲得　*4*
   - （3）乳幼児の生活を巡る諸問題　*5*
3. 体をよく動かす子どもを育てるために…………………… *7*
   - （1）育ちの連続性の中で，乳幼児期の生活を見直す　*8*
   - （2）幼稚園・保育所等における指導の問題　*9*
   - （3）保育者の役割　*10*

第2章 子どもの身体の発育・発達 ……………………………… *12*

1. 形態的発育………………………………………………… *12*
   - （1）身長と体重　*12*
   - （2）体の比率と重心の位置　*17*
   - （3）骨の形成　*17*
   - （4）脊柱の湾曲　*19*
   - （5）下　肢　*20*
   - （6）歯の萌出　*21*
2. 生理的機能の発達………………………………………… *21*
   - （1）生理的機能の発達　*21*
   - （2）排　尿　*23*
   - （3）睡　眠　*24*
   - （4）視機能　*25*

第3章 乳幼児期の運動 …………………………………………… *28*

1. 0歳児から3歳未満児の運動発達と環境………………… *28*
   - （1）0歳児から3歳未満児の運動発達の特徴　*28*
   - （2）乳児期（0か月〜12か月）の運動発達と環境　*29*

（3）1歳〜1歳11か月頃の運動発達と環境　　*30*
　　　（4）2歳〜2歳11か月頃の運動発達と環境　　*31*
　2．3歳以上児の運動発達と環境 ··*32*
　　　（1）3歳以上児の運動発達の特徴　　*32*
　　　（2）運動レパートリーという多様性　　*34*
　　　（3）運動バリエーションという多様性　　*36*
　3．運動遊びへの関わり ···*38*
　　　（1）保育者の関わりと幼児期の運動能力の発達　　*38*
　　　（2）運動が苦手な子どもと運動経験　　*39*
　　　（3）幼児期の運動経験と社会性の発達　　*41*
　4．幼児の運動能力の現状と運動発達に影響を及ぼす要因 ········*44*
　　　（1）幼児の運動能力の現状　　*44*
　　　（2）幼児の運動能力の発達に影響を及ぼす要因　　*44*

第4章　乳幼児期の安全教育とけがの予防 ································*47*

　1．けが・事故の実態 ···*47*
　　　（1）子どもの死亡事故　　*47*
　　　（2）負傷の場所　　*49*
　　　（3）遊具での負傷　　*50*
　　　（4）負傷の部位　　*52*
　2．けがの予防と安全管理 ···*53*
　　　（1）リスクとハザード　　*53*
　　　（2）3つのリスク　　*55*
　　　（3）ハザードマップの活用　　*56*

第5章　乳幼児期の生活習慣の形成 ··*57*

　1．生活習慣形成の意義 ···*57*
　2．0歳児から3歳未満児の生活習慣の形成と環境
　　　──身辺自立・生活習慣形成の姿 ······································*61*
　　　（1）排　泄　　*61*
　　　（2）睡眠・午睡（昼寝）・休息　　*62*
　　　（3）食　事　　*63*
　　　（4）清　潔　　*65*
　3．行きつもどりつする形成の過程 ···*66*

4．3歳以上児の生活習慣の形成と環境·················· 68
　　　　（1）様々な場面における生活習慣の形成　68
　　　　（2）忘れてはならないこと　72

第6章　乳幼児期の遊びと運動 ·················· **74**
　　1．豊かな遊びと動きの体験·················· 74
　　　　（1）遊びとしての運動経験とは　74
　　　　（2）遊びとしての運動経験と自己決定　76
　　　　（3）自己決定的な経験の積み重ねと
　　　　　　　乳幼児期に育みたい「資質・能力」　77
　　　　（4）子どものやり方と保育者の指示　78
　　　　（5）子どもの自己決定を促す教師の言葉がけ　79
　　　　（6）内発的動機づけと子どもの有能感　80
　　　　（7）応答的環境　82
　　2．クラス全体の活動としての運動遊びの意義·················· 83
　　　　（1）新しい遊びを紹介する活動，自由遊びに出にくい活動
　　　　　　　83
　　　　（2）自由遊びでさらに発展させたい活動　84
　　　　（3）遊具の出し入れや使い方を知らせる活動　84
　　　　（4）動きの経験の偏りを補う　85
　　　　（5）それぞれの季節に経験させたい活動　87
　　3．日常生活での動きの経験·················· 87
　　　　（1）乳幼児期の生活と動き　87
　　　　（2）生活の中での動きを楽しむ　88
　　　　（3）準備や片付けでの動きの経験　89
　　　　（4）散歩の活用　89

第7章　乳幼児期の生活と食 ·················· **91**
　　1．生活リズムと食·················· 91
　　　　（1）乳幼児期の食育　91
　　　　（2）食育の目標　92
　　2．乳幼児期の食の大切さと保育·················· 95
　　　　（1）乳児期・幼児前期に大切にしたいこと　95
　　　　（2）3歳以上の幼児期に大切にしたいこと　96

（3）アレルギー等への対応　*97*

第8章　領域「健康」の理解と指導法　　*99*

1. 幼児教育の基本と領域の考え方　　*99*
   （1）幼児教育の基本　*99*
   （2）領域の考え方　*100*
   （3）ねらいおよび内容　*101*
2. 幼稚園教育要領，保育所保育指針，幼保連携型認定こども園教育・保育要領の改訂（定）　　*101*
   （1）資質・能力の3つの柱　*101*
   （2）幼児期の終わりまでに育ってほしい10の姿　*102*
   （3）領域「健康」の改訂点　*102*
3. 幼稚園教育要領，保育所保育指針，幼保連携型認定こども園教育・保育要領における領域「健康」　　*104*
   （1）乳児保育の「健やかに伸び伸びと育つ」のねらいおよび内容　*104*
   （2）1歳以上3歳未満児の保育における領域「健康」のねらいおよび内容　*108*
   （3）3歳以上児の保育における領域「健康」のねらいおよび内容　*110*
4. 一人一人の発達の理解に基づく評価　　*117*

第9章　領域「健康」をめぐる現代的問題　　*119*

1. 家庭との連携と子育ての支援　　*119*
   （1）領域「健康」における家庭との連携　*119*
   （2）子育ての支援　*120*
2. 領域「健康」と小学校学習指導要領との関連　　*121*
   （1）幼児期の運動指導の問題点　*121*
   （2）運動遊びにおける小学校とのつながり　*122*
   （3）小学校への見通し――小学校教育との接続　*123*
3. 領域「健康」の指導における保育者の役割　　*124*
   （1）保育者の役割　*124*
   （2）生活習慣の形成における役割――見通しをもって行動するために　*125*

（3）体を使った遊びにおける役割　*125*
　　（4）生活場面での体を動かす機会の確保——日常の生活の
　　　　なかの動き　*126*
　　（5）健康観察と安全管理　*126*

第10章　指導案作成から保育へ …………………………………… *128*
　1．年間指導計画，指導案の作成と保育の展開 …………………… *128*
　　（1）指導案①　年間食育計画　*128*
　　（2）指導案②　食育部分計画　*130*
　　（3）指導案③　部分指導計画　*133*
　2．教材研究，ICTの活用 ……………………………………………… *136*
　　（1）教材研究と環境構成　*136*
　　（2）ICTの活用　*140*
　3．振り返りの記録と評価 ……………………………………………… *142*
　　（1）指導案と振り返りの評価　*142*
　　（2）記録・評価のポイント　*147*

付　録
　学校教育法（抄）………………………………………………………… *149*
　幼稚園教育要領（抄）…………………………………………………… *149*
　保育所保育指針（抄）…………………………………………………… *152*
　就学前の子どもに関する教育，保育等の総合的な提供の推進
　に関する法律（抄）……………………………………………………… *156*

第1章 健康とは何か

📖 予習課題
・「健康」という言葉から,どのような姿を思い浮かべるだろう。

1. 健康で安全な生活とは

(1) 健康の定義

　「あなたは健康ですか?」と聞かれたら,まず身体の健康をイメージするだろうと思う。WHO (World Health Organization;世界保健機関) 憲章では「健康とは,病気ではないとか,弱っていないということではなく,肉体的にも,精神的にも,そして社会的にも,すべてが満たされた状態にあること」(日本WHO協会訳,以下同) と定義されている。つまり,健康な状態とは,身体的に疾病を抱えていないということだけではなく,肉体的にも,精神的にも,さらには社会的にみても,良好な状態を指す。

　また同憲章では,健康について,「人種,宗教,政治信条や経済的・社会的条件によって差別されることなく,最高水準の健康に恵まれることは,あらゆる人々にとっての基本的人権のひとつ」とし,WHOの活動は社会的弱者である高齢者の福祉や,発展途上国あるいは不安定な国情下の女性や子どもの健康保障に向けられている。特に子どもに対して「子供の健やかな成長は,基本的に大切なこと」であり,「変化の激しい種々の環境に順応しながら生きていける力を身につけることが,この成長のために

不可欠」であると述べている。

　では，日本の子どもたちは健康で幸福な生活を送っているといえるだろうか。社会環境の変化の激流の中で，子どもの生活は翻弄され，途上国の子どもたちとは別の意味で，以下に挙げるような点から，子どもの「健康」は脅かされている状態にあるといえるのではないだろうか。

　1つは子どもの貧困の問題である。日本は国内総生産（GDP）がいまだ世界でもトップクラスにあり，いわゆる貧困国に比べれば経済的に恵まれている。しかし近年，経済格差が進み，援助が必要な家庭が増加し，子どもの6人に1人が貧困状態にあるといわれている。ひとり親家庭の貧困率は世界的にみても高い。貧困は健康に大きな問題を引き起こす。食事の回数や質が低下することや，医療を受ける頻度も減少することがある。社会の歪みが子どもの日々の生活に大きな影響を及ぼしているのである。

　また，子どもの健康保持に欠かせない身体活動の減少の問題も挙げられる。社会環境の変化により体を動かして遊ぶ場，時間，安全が保障できず，子どもたちの活動量が激減し基本的な運動能力の低下を招いている。この事態を受け文部科学省は2012（平成24）年に「幼児期運動指針」を策定し，幼稚園や保育所等で体を動かす遊びの量的，質的，時間的確保を呼びかけた。体を動かして遊ぶ機会の減少は，その後の成長において運動やスポーツに親しむ意欲や能力を阻害することにとどまらず，能動的に物事に取り組む力を弱めたり，対人関係などのコミュニケーション力を弱めたりと，子どもの心の発達に大きな影響を及ぼすとして懸念されている。

　子どもの健康を守るのは大人の責任である。幼稚園，保育所，認定こども園等の幼児教育・保育施設の果たすべき役割はますます大きくなっている。保育は社会の変化にどのように対応するべきか。子どもたちの健康で安全な生活を保障するためにどうしたらよいだろうか。

（2）乳幼児期に大切な健康で安全な生活

　学校教育法第23条には幼稚園教育の目標が掲げられているが，その一番目に掲げられているのが「健康，安全で幸福な生活のために必要な基本

的な習慣を養い，身体諸機能の調和的発達を図ること」である。この目標が一番に挙げられているのは，健康，安全で幸福な生活を送ることが生きていく上の基盤となる大切なことだからであろう。

　では，子どもにとってどのような生活や経験が必要なのだろうか。幸福の定義は年齢によっても人によっても異なるが，「健康」で「安全」であることは誰にとっても幸福感の土台となる。とりわけ養育者への依存度が高い乳幼児において生命維持のためのケアが受けられ，能動的に行動するための安全が守られることは子どもが充実した生活を送るために最も重要な要件となる。保育所保育指針の保育の目標には「十分に養護の行き届いた環境の下に，くつろいだ雰囲気の中で子どもの様々な欲求を満たし，生命の保持及び情緒の安定を図ること」とあり，心身の一体的な健やかな成長が目指されている。生きる力の基礎としての「健康」で「安全」な生活を保障するのは，社会や身近な大人の重要な役割である。

2．幼児期にふさわしい生活とは何か

（1）遊びの保障

　誕生から6年間の子どもの発達は著しい。特に最初一年の間に，寝ている状態からはいはい，つかまり立ち，伝い歩き，歩行へと自力で移動する能力を獲得する。これは単に身体機能が発達するだけで成し遂げられるのではなく，心の育ちとも密接に関連している。たとえば，まだ移動能力をもたない乳児も興味をもった玩具に手を伸ばすようになる。それはつかみたいという心の動きに支えられている。はいはいができるようになれば，興味をもったものに自分から近づいていく。より小さな物体をつかもうとし，手指を使うようにもなる。現代では親がスマホを使用しているのを見て，乳児でさえ画面を見せるとスワイプするような動きをする。モノや人の動きに興味・関心をもつという心の動きが体の動きを誘発し，体の動きをコントロールできるようになると，興味・関心がさらに高まる。体の機

能が発達することと心の発達は双方向性をもっているのである。

　だとすれば幼児期にふさわしい生活とは，大人が一方的に何かを教えたり決めたりする生活ではなく，子どもの主体性を大切にし，子どもの心と体の発達の双方向性を大切にする保育であろう。そして，心の発達で最も大切なのは情緒の安定であり，そのことによって子どもは自分のやりたいことに能動性を発揮することができる。情緒の安定は養育者がミルクを与えたり排泄の世話をしたりなどの基本的なケアによって培われる。この生命保持のために繰り返される日常的なケアが愛情をもってなされるとき，子どもは単に命を守られるだけでなく，人に対する絶対的な信頼感を得るのである。人への信頼感によって支えられる情緒の安定は，子どもが長い人生を能動的に生きていく上で最も大切な土台となる。

　安定した情緒の下で，子ども自身が興味・関心をもった環境に関わることによって生まれるのが「遊び」である。乳児は手を伸ばしてつかんだ玩具をはじめは舐めてそのものを確かめる。次にはそれを持ち替えたり投げたりして応答を楽しむ。幼児になるとさらに能動的に環境に関わりモノを見立てたり，扱い方を試したりする。他者への関心が高まり，言語機能も発達することによって，他者とやりとりをしながら遊ぶようになる。このようにその発達の時々に適切な環境に出会うことによって，そのモノが潜在的にもっている可能性に気付いたり，考えたり工夫したりする。遊びの多くは身体活動を伴う。子ども自身は面白いという情動に突き動かされて遊ぶが，そのプロセスにおいて，身体機能が発達したり思考力が培われたり，人と関わる力が培われていく。子どもは生活や遊びを通して様々な体験を積み重ねていく。遊びは乳幼児期の子どもにとって重要な学習である。保育者には健康，安全で情緒の安定した生活の下で，自己を十分に発揮して遊べる環境を整えることが求められる。

(2) 生活リズムの獲得

　情緒の安定を培う日常的な生活の安定とは，具体的には基本的な生活習慣としての食事と活動，睡眠等の生活リズムが身に付くことである。

幼稚園教育の目標に挙げられているように、健康、安全で幸福な生活を送るために、幼児期には「基本的生活習慣の形成」と「身体諸機能の調和的発達」が大切である。ところが近年、社会状況や子育て環境の急激な変化によって、基本的生活習慣が身に付いていない幼児や体を動かす経験が不足していて身体諸機能のバランスが悪い幼児が増加していると指摘されている。生活リズムを身に付けることは身体的、精神的自立の基礎を培うものであり、その後の生活に大きな影響を及ぼす。

では幼児期に大切にされるべき生活リズムとは何か。それは、十分な睡眠、バランスのよい1日3度の食事、日中の充実した活動と、活動の合間の休息のバランスといわれている。このどれか1つでも不十分であると、全体の望ましいリズムが保てなくなる。

(3) 乳幼児の生活を巡る諸問題

1) 睡眠について

子どもの1日に必要な睡眠時間の平均は、1歳児から2歳児で13～14時間程度、3歳児から5歳児で12～13時間程度といわれている[1]。睡眠は疲労を回復し翌日の活動エネルギーを生み出すだけではない。睡眠中に成長ホルモンが分泌されることが解明されており、成長期の子どもにとって十分な睡眠は極めて重要である。また、単に時間が確保されればよいわけではなく、日中の活動との関係や就寝時刻との関係も重要である。

睡眠は生理的に必要なものであるから、日中に活発に動き回れば子どもは疲れて夜ぐっすりと眠る。ある園では降園後に希望する幼児を対象に戸外で活発に遊ぶプログラムを導入したところ、眠る時刻が早くなったばかりではなく、ぐっすり眠るようになったと報告されている[2]。日中の活動の充実と十分な睡眠は表裏一体の関係にある。眠りが浅い子どもが増えているといわれるが、覚醒時の活動を充実させることによって、質のよい眠りのリズムが整う。

次に就寝時刻の問題である。日本の乳幼児の就寝時刻は他国に比べて突出して遅い[3]。いわゆる「夜更かし」である。一般的に乳幼児は19～20

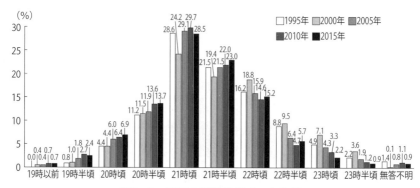

図1-1 平日の就寝時刻（10年比較）
（ベネッセ教育総合研究所：第5回幼児の生活アンケート，2016）

時頃に就寝し，6時過ぎには起床することが望ましいと言われているが，図1-1のように，約30％近くの子どもが22時以降に就寝している。

　子どもにとって就寝時刻が遅いことは生理的な問題を引き起こす。1日は24時間だが，私たちの体内時間はそれよりもやや長いとされている。つまり地球の営みと自分自身のバイオリズムの時差を私たちは日々調整しながら生活しており，この時差の調整は朝日を浴びて活動をすることによって行われるのである。だから，早く寝て早く起きるリズムの定着が望ましい。この調整がうまくいかないまま成長すると，自律神経のバランスが崩れる起立性調節障害の原因になることもある。十分な睡眠時間と，幼児にふさわしい就寝時刻はセットで確保されなければならない。

2）日中の活動について

　子どもは本来，好奇心旺盛で，興味をもった対象に積極的に関わって遊びを生み出す。子どもにとって遊びは生活の中心であり，重要な学習である。ほとんどの遊びは身体活動を伴うために，子どもは自発的に遊ぶことで，知らず知らずのうちに活動量が確保されるのである。特別な疾病がない限り，子どもは身体を動かすことをいとわない。

　しかし，近年，地域の遊び場の減少やそれに伴う地域の子ども集団の喪失，あるいは不審者出現などによる社会不安によって，戸外で遊ぶことが少なくなり，室内遊びの傾向が強くなってきた。それによって，日中の活

動量が以前に比べて少なくなってきている。

　また，降園後だれと遊ぶかという調査では母親と遊ぶ頻度が高くなっている[4]。母親は家事に時間がとられるので，母親との遊びというのは戸外で活発に身体を動かすというより，室内で静的な遊びを行う傾向があり，この事実からも子どもの活動量が減少していることが分かる。

　また，かつてはゲームなどの室内玩具は小学生以上のものであったが，幼児にも買い与える家庭が増え，この傾向に拍車をかけている。

　戸外遊びが減少すれば，日中の活動量は減少し，運動経験が乏しくなる。そして先に述べた食や睡眠の生活リズムに影響を及ぼすのである。

　幼稚園や保育所等は子どもが最も活動的で機嫌のよい日中の覚醒時に過ごす場所である。生活リズムという視点から言っても，幼稚園や保育所等で十分に身体を動かして遊び込んだり，身体を動かす多様な経験をしたりすることは幼児の生活リズムを整えるのに重要である。

　また戸外で遊ぶことは自然に触れることでもある。外気の変化を皮膚を通して感じることにより，子どもの自律神経は調整されていく。たとえば夏の暑さの中で水の冷たさを心地よく感じたり，冬に寒さを我慢して遊んだりすることによって，耐性も育つと言われている。

　園において「活発に遊んで休息をとる」といった緩急のリズムを経験できるよう，保育者は1日の過ごし方を計画する必要がある。

3．体をよく動かす子どもを育てるために

　子どもの体の育ちに異変が起きていると言われて久しい。実際，入園当初の子どもを見ると，動きがぎごちなく，ちょっとしたことで体がよろける不安定な子どもが増えているように思う。問題は，子どもを取り巻く環境の変化に伴い，身体を動かす経験が不足していることにある。

　子どもは本来，活動的な存在で，それは昔も今も変わらない。適切な環境さえ整えてやれば，どの子どもも体を動かすことをいとわずに遊ぶ。にもかかわらず，本当に戸外で遊びたがらない幼児が増えていると言うな

ら，それは全身を動かしたいという活動欲求を満たしてやる環境が不十分であるか，それを引き伸ばすことができない物的・人的環境に起因するものである。

（1） 育ちの連続性の中で，乳幼児期の生活を見直す

　根岸他は居住環境が狭くなったことで，這う行為をあまりしないまま歩きはじめる乳児が増えていると指摘している[5]。また，はいはいをしても家の中がフラットなために，段差を越えるなど全身を使う動作が少なくなっていると言う。それに加えて大人の生活リズムに子どもを合わせる傾向があり，自転車による移動が多くて子どもを歩かせない，時期に応じた遊びを通した働きかけができないなどで，「乳児期に必要なじっくりと子どもとの遊びを通してかかわったり（やりとり遊び，いないいないばあなど），からだを使った遊びが家庭だけではなかなか出来ずにいる」と述べている。

　このような現状では体の動きがぎごちない子どもが増えるのは当然である。ある幼児の生活実態調査[6]でも，室内での遊びが圧倒的に多く，体力が低下し疲れやすい園児が増加したかとの問いに約75％の保育者が「そう思う」と答えている。保護者が幼児教育施設へ期待するものの2番目として「体力の向上」を挙げているという結果もあり，幼児教育機関への期待は大きい。幼児期以降の育ちの問題からも考えてみよう。

　小学校では校庭での遊びのバリエーションが少なくなっていると言われている。深谷による30年ほど前の調査でも[7]，戸外より室内で遊ぶ傾向が多いことや，鬼ごっこやソフトボール等，身体を使って群れて遊ぶ遊びの出現頻度が低く，「孤独型の遊び」への傾斜が明らかになっている。

　一方で各種スポーツ教室に通う子どもは増えている。内田は「運動に親しむ，動けるからだを作るという小学校期の子どもにとって，スポーツクラブは好ましくないのでは」と疑問を投げかけ，自発活動である遊びの中での多様な動きの体験こそ必要であるとしている[5]。

　この問題は中学校期にもつながっているようだ。深沢はある特定の運動経験を積み重ねても，その能力がほかの種目に広がっていかない傾向があ

り，体験したことがある動きの種類が少ない生徒が未経験の運動に取り組むと，いつまでたってもどこかぎこちないと指摘している[5]。そして「中学校期における「運動体験」という以前に「動き体験」が幼児期から必要ではないか」と提言している。

以上のように長期的な視野で育ちを考えると，幼児期には遊びの中での多様な動きを体験することが必要なことは明らかである。

（2） 幼稚園・保育所等における指導の問題

ところが幼児の指導に関する全体的傾向の調査によれば[8]，領域「健康」の指導で最も重視されている内容は「先生や友達と触れ合い，安定感をもって行動する」という項目で，「いろいろな遊びの中で十分に体を動かす」という項目を重点的に指導していると回答した保育者は約27％と少なく，「進んで戸外で遊ぶ」という項目にいたってはわずか5.5％であった。

もちろん，幼稚園教育要領の理念においては，ねらいは総合的に達成されるもので，指導すべき内容もある特定の活動を指すものではないことは自明である。「先生や友達と触れ合い，安定感をもって行動する」ことを経験させるために，ある時期は戸外で追いかけっこをするという具体的な活動を指すこともあり，同時に体を動かす経験が充足されることになる。

そのことは理解しながらも，調査結果は，十分に体を動かしたり戸外で遊んだりすることに対して，保育者の指導の意識がそれほど高くはないことを示唆している。保育者の意識が高まっていなければ，当然それに関連する教材や活動に対する研究が進まず，計画的な環境の構成に反映されないことになるだろう。

砂場にバケツとシャベルがあれば砂遊びが始まるように，園庭にボールが1つあればボールのけりっこが始まるし，大好きな先生や友達がいれば追いかけっこが始まるだろう。しかし，それで終わっていたのでは，高まる運動欲求を満たすことはできないし，多様な運動を経験することはできない。友達関係の広がりとともに遊びの中で感じる面白さも変化していくのに，指導が追いつかない現状が見られる。

雨の日や休み明けに園内を走り回っている幼児の集団や，戦いの振りをしながら疾走している男児の群れをよく見かけるが，一人一人が運動欲求を持て余し，何かしたいが何をしたらその欲求が満たされ充実するのかが分からないように見えることがある。このような時，保育者は遊びの提案を積極的にする必要がないのだろうか。

　「動き」は大人が教えることによって獲得されるものではない。それが経験できる遊びが最低限必要なきまりとともに提案され，また，保育者やほかの幼児が楽しそうに遊ぶモデルとして動くことによって運動を動機づけることが必要なのである。

　保育者自身が運動遊びのレパートリーを増やすことは言うまでもないが，遊び方を知っているだけでなく，さらに活動理解を深め，子どもの遊びの様子を見極めながら適切な環境を構成する力をもたなければならない。

（3）　保育者の役割

　遊びの中で多様な運動体験を保障してやるには，まず，子どもが自然に体を動かしたくなるような環境の工夫（空間の配置・物的環境等）が必要である。しかし，特に体を動かす遊びにおいては，環境を用意しておきさえすれば遊びが豊かに展開するわけではない。実際に楽しそうに体を動かして遊んでいる仲間や保育者の動きがモデルとなって，子どもの意欲を触発して動きを引き出すし，保育者の的確な助言によってさらに動きは豊かになる。このような観点から保育者の役割を考えれば，子どもの動きをよく見て，遊びの内容を豊かにするための手だてを考えるという2つの方向から指導の工夫を考えるとよいだろう。

　子どもは同じ遊びを繰り返しているように見えても，その動きをじっくり見てみると，感じている面白さやその子なりの工夫のしどころが次第に変化していることが分かる。鬼遊びを例にして考えてみよう。入園当初の子どもや，年齢の低い子どもは，保育者から追いかけてもらうことが面白い。それが特定の友達とのつながりができてくると，その友達と「一緒」

ということが動きの中心になってくる。それから次第にだれでも追いかけるようになる。年長にもなると「追う・逃げる」ことそのものを十分に楽しむようになり，チームが勝つために「作戦」を考えるまでに遊びを楽しむようになる。保育者は一人一人の考えや感じている面白さに共感するようにする。

このように子どもが感じている遊びの面白さをよく見て捉え，それに応じて保育者は援助を行う。

 まとめの課題

・子どもの健康な生活において大切なことは何だろう。

文献
1) 河鍋鼇編：保育の安全と管理，同文書院，2008
2) 宮前幼稚園：子どもの生活力向上調査，2008
3) パンパース赤ちゃん研究所調べ，2004
4) ベネッセ教育総合研究所：第5回幼児の生活アンケート，2016，p.29
5) 根岸雅美・内田雄三・深沢寿美枝他：ぎこちない子どもの動きを探る，財団法人日本教育科学研究所研究報告書23号，2002
6) 熊本県教育委員会：就学前教育振興・肥後っこかがやきプラン，2003
7) 深谷昌志：孤立化する子どもたち，ＮＨＫブックス，1985
8) 広島県教育委員会：平成15年度幼児教育調査報告書，2003

第2章 子どもの身体の発育・発達

予習課題

・身近にいる乳児，幼児，小学生，大人の身体について，大きさのほか，どのような点に違いがあるのか考えてみよう。

1．形態的発育

（1）身長と体重

1）身長および体重

出生時の身長はおよそ50cmであるが，1歳頃にはおよそ1.5倍の約75cm，5歳頃にはおよそ2倍の100cm以上にもなる（図2-1）。一生のうち身長が急速に伸びる時期は2回あり，生後1歳頃の乳児期と小学校から中学校にかけての思春期である。

一方，体重は出生時にはおよそ3kgである。生後3～5日頃に一旦減少した後（生理的体重減少または初期体重減少），生後7日頃には出生時体重に戻り，3か月にはおよそ2倍の約6kg，1歳でおよそ3倍の約9kg，5歳にはおよそ6倍の約18kgにもなる（図2-1）。幼児期の体重の増加率をみると，出生時や乳児期以上に太ってしまうように思われるが，実際には丸みが減じ，すらっとした印象の児童体型に近づいていく。

厚生労働省による乳幼児身体発育調査[1]は10年ごとに行われているが，直近の2010（平成22）年調査の出生時の身長および体重は，2000（平成12）

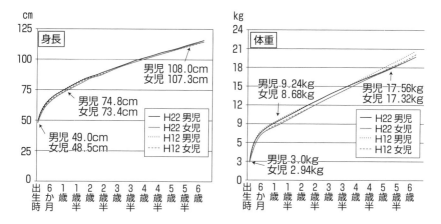

図2-1　乳幼児の身長・体重の発育
（母子衛生研究会：乳幼児身体発育値（平成22年調査報告書），母子保健事業団，2011）

年調査に比べてわずかに減少し（身長：男児0.3cm，女児0.1cm，体重：男児0.06kg，女児0.05kg），1歳児も若干の減少がみられている。

　身長や体重の発育には主に遺伝，環境，栄養の要因が関係している。生まれてから5歳までの間に身長が2倍，体重は6倍にもなるが，私たち大人が今から5年後に身長が2倍，体重が6倍になる姿を想像できるだろうか。人の一生でこれほど大きくなるのはこの時期だけである。言い方を変えれば，この発育を保障していくための十分な栄養と適切な環境が必要ということなのである。

2）身体発育の評価
① 発育指数

　乳幼児には，身長体重曲線を用いた方法（図2-2）や，身長・体重からカウプ指数を求める方法がある。カウプ指数は，体重（kg）／（身長（m））^{2}で求め，発育を判定する（図2-3）。これらは，栄養状態を示すだけでなく，体格指数としてやせや肥満の判定にも用いられ，食事や運動実施によるエネルギー消費など生活環境や生活習慣の改善を図るための指標にもなる。

　文部科学省学校保健統計（平成30年度）による肥満傾向児（肥満傾向児は

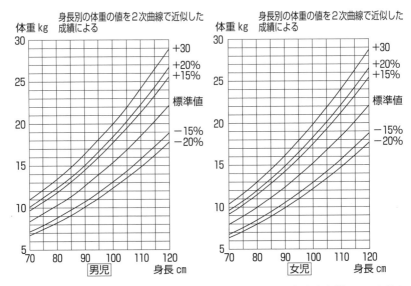

身長(横軸)と体重(縦軸)の交差する点で判定する。+30%以上(ふとりすぎ),+20%以上+30%未満(ややふとりすぎ),+15%以上+20%未満(ふとりぎみ),-15%超+15%未満(普通),-20%超-15%未満(やせ),-20%以下(やせすぎ)となる。

図2-2 幼児の身長体重曲線
(厚生労働省:平成22年度乳幼児身体発育調査 e-Stat,表番号31, 32. 2012)

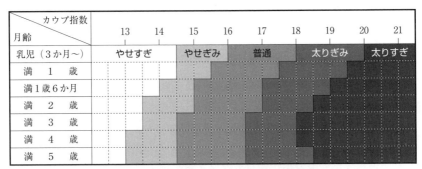

図2-3 カウプ指数による発育状況の判定
(巷野悟郎:子どもの保健(第7版),診断と治療社,2016)

肥満度20%以上の者。肥満度=[実測体重(kg)-身長別標準体重(kg)]/身長別標準体重(kg)×100(%)で求める)は,図2-4にあるように5歳で約3%おり,年齢が高くなるにつれ,その割合は高くなっている。

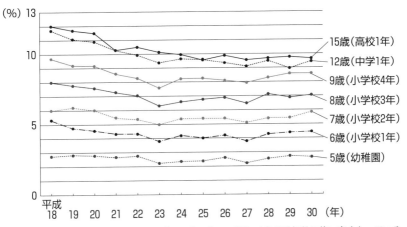

※肥満傾向児の出現率は5歳で約3%だが、6歳以降加齢に伴い高くなっている。
図2-4　年齢別肥満傾向児の出現率の推移
（文部科学省：平成30年度学校保健統計，2019）

② パーセンタイル値

　乳幼児の発育評価にはパーセンタイル値を用いた乳幼児身体発育曲線もある（図2-5）。パーセンタイル値は，全体を100パーセントとした時，小さい方から数えて何パーセントかを示す値で，50パーセンタイル値が中央値である。25パーセンタイル値は100人の場合，小さい方から数えて25番目になる。3パーセンタイル値未満，97パーセンタイル値を超える場合は，発育の偏りとして医療機関に照会しながら経過観察する[2]。

③ 発育速度

　発育速度は器官によって異なる。図2-6は体の組織を発育によって4つの型（一般型，神経系型，リンパ系型，生殖器型）に分類し，20歳（成熟時）の体の発育を100として各年齢の値を割合で示したものである。
　一般型は身長や体重に代表される分類で，乳幼児期に急速に発育し，その後緩やかになり，思春期に第二の成長期がある（p.12, 1）身長および体重参照）。神経系型は，乳幼児期に最も急速に発育し，2歳で約60％，4歳で約80％，6～7歳で約90％になる。他の発育型に比べて乳幼児期の発育が最も著しいことから，感覚（知覚）と運動の協応動作である運動コ

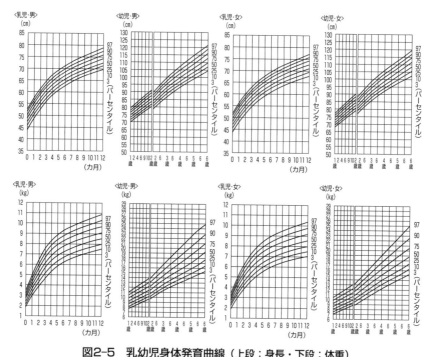

図2-5　乳幼児身体発育曲線（上段：身長・下段：体重）
（母子衛生研究会：乳幼児身体発育値（平成22年調査報告書），母子保健事業団，2011）

ントロール能力を向上させるのに最適な時期といえる（第3章参照）。リンパ系型（免疫系）は学童期に最も活発となり，その後落ち着く。児童期に扁桃腺が腫れやすいのは，この時期の過剰な発育によるものである。生殖器型の発育は最も遅く，思春期になって急速に発育，一般的には女子の方が男子より早く成長する。

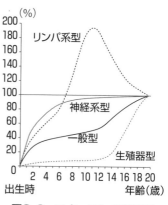

図2-6　スキャモンの発育型

（2）体の比率と重心の位置

　乳幼児は身長や体重が大人に比べて小さいだけでなく、体の比率（頭部の大きさと体全体の比率）も大人とは異なっている（図2-7）。頭の大きさを1とした時、大人はおよそ8頭身であるが、出生時は4頭身、6歳でも6頭身くらいである。乳幼児は大人と比べて頭でっかちで手足が短く、重心も高い位置にある。このことは、バランスが悪く不安定であることを意味する。転んだ時に頭部を打ったり、とび降りた時に勢いで地面に頭を打ちつけそうになったりする。また、小さな子どもが地面からものを拾おうとするとき、そのままお尻を下におろしてスクワットをするようにしゃがむ姿を見ることができるが、大人のように腰を高くしたままではバランスが悪いためだろう。手足が短いため、手を上にあげたときに頭より上に出る腕の割合も大人とは異なる。このように大人と体格が異なるということは、大人とは違った動きをするということであり、このような違いにも十分に配慮して関わることが必要である。

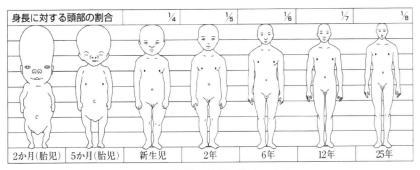

図2-7　頭部と体部の比率の変化
（巷野悟郎：子どもの保健（第7版），診断と治療社，2016）

（3）骨の形成

　人間の体を形作っている支柱は骨格であるが、骨は硬いまま太く長くなっていくわけではない。乳幼児の骨は大人に比べて軟骨部が多く、軟骨の

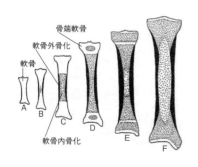

図2-8 骨の骨化と発育
(高石昌弘・宮下充正：保健体育スポーツ指導選書，大修館書店，1988)

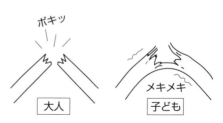

図2-9 大人と子どもの骨折の違い

中に石灰質が沈着して硬い骨組織を形成していくという過程を繰り返して成熟していく（図2-8）。男性では17～18歳頃，女性では15～16歳頃には，全ての骨ができあがる。このように軟骨が硬い骨組織へと変化することを骨化という。乳児期の骨は約350個あるが，成長とともにくっついて大人の骨は206個になる。

乳幼児の骨は大人と比べて非常にやわらかく折れにくいという特徴がある。若木骨折と呼ばれる完全には折れず亀裂が入って曲がったような状態は，この時期に特徴的な骨折である（図2-9）。症状が軽い場合は，少しの腫れが見られる程度でそれほど痛みもなく骨折だと分からない場合もある。乳幼児の場合，痛みを訴えなかったり症状を正しく伝えられなかったり，腫れが少なく分かりにくいこともあるが，普段と姿勢が違ったり，動きが違ったりする場合は早めに受診することが必要である。

また，手や足の骨は大人と同じような構造ではなく，徐々に数も増え（骨化），形を変えて複雑に組み合わさり，大人に近い骨格になっていく（図2-10）。乳幼児の手が柔らかいのはこのためである。より複雑な構造になるにつれて，単純な構造の時期にはできなかった複雑な動きも可能になっていく。骨の成熟の程度を年齢の単位で表したものを骨年齢という。骨の形態的成熟は，乳幼児期から思春期後期まで徐々に進行するため骨年齢は成熟の程度を表す指標となる。

1. 形態的発育   19

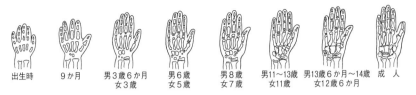

出生時　9か月　男3歳6か月／女3歳　男6歳／女5歳　男8歳／女7歳　男11〜13歳／女9歳　男13歳6か月〜14歳／女12歳6か月　成　人

図2-10　骨年齢の評価基準（X線像による模型図）

※男子12-13歳，女子11-12歳頃に手根骨の骨端核数（正常の最大数11）は完成し，それ以降は骨がたくましくなる。
(阿部敏明・飯沼一宇・吉岡博：小児科学・新生児学テキスト（改訂第4版），診断と医療社，2003)

（4）脊柱の湾曲

「背筋をまっすぐに」とよくいうが，実際には脊柱は前後に湾曲している（生理的湾曲）（図2-11）。しかし，これも生まれながらに形成されているわけではない。胎児期は体全体を丸めて母胎にいるが，この頃は全体的にアルファベットのC型に後湾している。出生時は首（頚椎）と腰（腰椎）にわずかな湾曲（前湾）が見られるが，全体的にはほぼまっすぐに近いアルファベットのI型といえる。それが徐々に首（頚椎）で前方に湾曲，胸

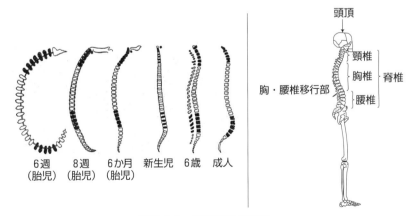

6週（胎児）　8週（胎児）　6か月（胎児）　新生児　6歳　成人

図2-11　脊柱湾曲の形成

(左：高石昌弘・宮下充正：保健体育スポーツ指導選書，大修館書店，1988)
(右：ベーメ，芝田利生・櫻庭修訳：赤ちゃんの運動発達：絵で見る治療アプローチ，協同医書出版社，1998)

（胸椎）では後方に，腰（腰椎）で再び前方に湾曲し，おしり（仙骨）で再び後方に湾曲という前後のＳ字湾曲が形成されていくが（生理的湾曲），幼児期にはまだ大人ほど十分に形成されていない。また，脊柱を支える筋肉や靱帯が未完成でもある。

　脊柱の生理的湾曲は，重力による負荷や動作にともなって受ける様々な衝撃を吸収・分散し，頭部への衝撃を和らげるスプリングの役割をしている。幼児はとび降りが大好きである。しかし，脊柱に十分なＳ字の湾曲が形成されていない幼児にとっては，着地の衝撃が直接頭部へ伝わることになる。高いところからのジャンプは，大人と比べて頭の比率が大きいことや骨などが成熟過程にあることに加え，このような点での負担が大きいということも理解しておく必要がある。高さの上限は，子どもの身体的な能力や着地面の硬さにもよるが，子どもの顔くらいまでの高さが一つの目安といえるだろう。

　なお，脊柱は左右には湾曲していない。左右の湾曲は側湾症という病気である。

（5）下　　肢

　出生時の乳児の足は股関節から開いており（図2-12），2歳頃まではＯ脚気味で，膝をつけ両足を揃えて立つことができない。これは立った時に狭い足底面積で重心が高い位置にある不安定さを補い，平衡性（バランス）を保ちやすくし，直立機能や歩行機能を可能にするためである。2歳頃からは次第にひざが内側を向いたややＸ脚のようになり（3～4歳がピーク），6歳頃にはだんだんとまっすぐな状態になっていく。これらは生理的なもので骨の自然な発達過程である。

　一方，土踏まずの形成は足の骨化と関係が深い。幼児期は土踏まずのアーチがまだ浅いが，歩行量が増えるにつれて足

図2-12　出生後1～2ヵ月の乳児

底筋群が強化され、徐々に土踏まずのアーチの形成が促される。

（6）歯の萌出

乳児の歯は6か月頃に下顎前歯から生えてくることが多いが、時期には個人差がある。1歳頃には前歯上下4本がそろい、1歳半頃には乳臼歯が生え、3歳頃には

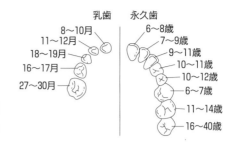

図2-13 歯の萌出
（巷野悟郎：子どもの保健（第7版）、診断と治療社、2016）

20本生えそろう。6歳頃から乳歯が抜けて永久歯に生え変わり、12～13歳頃に28本生えそろう（16歳以降に生える親知らずを入れて32本：図2-13）。

口の中にある常在菌が歯に沈着し、増殖した歯垢が形成されて歯質を溶かすとむし歯になる。乳歯は永久歯に比べ歯質のエナメル質や象牙質が薄く、むし歯の進行が速いのが特徴である[3]。乳歯のむし歯はかみ合わせや歯並びにも影響するため適切な処置が必要である。むし歯ができやすいのは、歯と歯の間、歯肉に近いところ、奥歯の溝で、生えたての歯は歯肉に半分埋まっており磨き方が難しいので注意が必要である[4]。甘いものの与えすぎや甘味飲料の摂取に配慮し、食後に白湯を与えたり、歯磨きの習慣を身に付けることが大切である。

むし歯は、5歳で35.1％おり、親世代（80.9％）と比較すると減少しているが[5]、3人に1人の割合で幼児にもむし歯があるということである。

2．生理的機能の発達

（1）生理的機能の発達

生理的機能は年齢段階によって異なっており、新生児から大人に至る過

表2-1 生理的データの発達的変化

	エネルギー所要量[1)] (kcal/kg/日)	呼吸数[2)] (回/分)	脈拍数[2)] (回/分)	最高血圧 (mmHg)	最低血圧[3)] (mmHg)	腋窩体温[4)] (℃)	尿の1日量[1)] (ml/kg/日)
新生児	-	40-45	120-160	60-70	40-50	36.7-37.5	-
乳児	100-120	30-40	120-140	70-80	50-60	36.8-37.3	80-90
幼児	90-100	20-30	90-120	80-90	60-65	36.6-37.3	50
学童	70-80	18-20	80-90	90-110	60-70	36.5-37.3	40
成人	40	16-18	60-70	110-130	70-90	36.0-36.5	30

1) 吉岡博：小児科学・新生児学テキスト　全面改訂第4版，診断と医療社，2003，pp.22-23
2) 巷野悟郎：子どもの保健（第7版），診断と治療社，2016，p.36
3) 平山宗弘：小児保健　改訂版第4版，日本小児医事出版社，1994，pp.147-156
4) 大西文子：子どもの保健演習　中山書店，2012，pp.24-25

程でかなり大きく変化する。

　乳幼児期には大人と比べてエネルギー所要量が多くなっている（表2-1）。これは代謝が活発で発達の著しいこの時期は，多くのエネルギーを必要としているためである。

　呼吸数は大人に比べ乳幼児はおよそ2倍にもなるが，肺が小さく一回に吸い込む酸素（空気）の量が大人に比べて少ない乳幼児は，呼吸数を多くすることでたくさんの酸素を確保する。乳児は腹式呼吸で，2歳以降に胸式呼吸が加わり，7歳以降で大人と同じような呼吸となる。また3か月以下の乳児は鼻呼吸しかできず口で呼吸ができないため，鼻をふさぐことのないよう注意が必要である。口呼吸ができるようになるのは3か月以降である[6)]。

　脈拍数は幼児で大人の約1.5倍の90〜120/分で，たくさん取り込んだ酸素は心臓から全身に送り出されるが，心臓が小さく機能的にも未成熟な乳幼児は血流量を保つためにピッチが早くなる。

　血圧が低いのは，心拍出量に対して血管径が大きいことや，血管が柔軟で血液がスムーズに流れるためである[7)]。

　体温は個人差があるが，乳幼児は大人と比べて平熱が高めである。食事や運動は熱を産出するが，幼児は1kg当たりの食事摂取量は大人よりも多く，運動も活発なため熱産生が多く体温が高くなる[8)]。また，大人と比

べて体重当たりの体表面積が広いため，環境温に左右されやすいこともあり[9]．環境の温度や衣服を調整するなど注意が必要である．

このように幼児は，骨格が形成途上で大人の体格と異なっているだけでなく，生理的な機能においても独自の特徴を整えている．そのため，体を使った遊びを行う際は運動の負荷や時間を十分に考慮する必要がある．大人が行うような体力トレーニングをそのまま行ったり，極度に負荷の大きな運動が適切ではないことは容易に理解されるだろう．この時期の子どもの発達には個人差も大きいということも頭に入れておく必要がある．

子どもはよく汗をかくが，最近では空調の整いすぎている環境で育つ子どもも多くいる．汗腺の数は2～3歳くらいまでの影響を強く受けるとされており，汗をかく機会が多い子は汗腺が機能して発達するが，快適すぎる環境で育つことは汗腺の機能を低下させ，かえって子どもの体温調節機能を低下させてしまうことにもなる．自律神経の発達を促すためにも薄着の習慣や外気に触れる機会を積極的にもつようにしたい．

(2) 排　　尿

乳児の腎機能は未発達で尿の濃縮力が低いため，尿量が多く排尿回数も多い[10]．排泄は，神経系の働きによって制御されているため（図2-14），その働きが十分でない乳児は尿意の自覚ができない．2歳頃には尿意の自覚ができるようになり，この頃からトイレットトレーニングが開始される．夜間は排尿を抑制する抗利尿ホルモンの分泌が十分でないため，4歳頃までは夜尿がある．

排泄は神経系の働きだけでなく，心理的要素，情緒面とも関係が深く，4～5歳でも状況によって失敗することもある．過度な緊張やプレッシャーが苦痛となりできなくなることもあるため，一定の時間を作り余裕をもって取り組ませたり，うまくいった気持ちよさに共感したりするなど丁寧に関わることが大切である．

(3) 睡　　眠

　新生児は授乳と排泄のために2～3時間おきに寝たり起きたりを繰り返し（多相性睡眠），睡眠時間は1日16時間近くにもなる。3～4か月頃には昼夜の区別ができるようになり，1歳頃には夜間の睡眠が長くなり，徐々に昼間起きて夜寝る24時間周期のリズムに移行していく。1～2歳頃には午睡が1回になり（二相性睡眠），3～4歳頃からは午睡をほとんどしなくなり，大人と同様のパターンに近づいていく（単相性睡眠）。

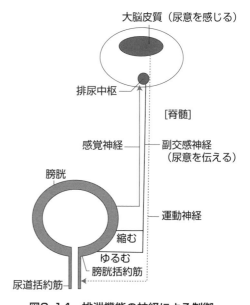

図2-14　排泄機能の神経による制御
（榊原洋一：これならわかる！　子どもの保健演習ノート（改訂第3版），診断と治療社，2016）

　乳幼児期はノンレム睡眠の量が多く熟睡しやすい時期で（図2-15），寝入って最初にやってくる深い眠りの時には成長ホルモンが大量に分泌される[11]。成長ホルモンは骨を作り，筋肉を増やし，新陳代謝を盛んにする働きがある。またこの他に，睡眠中には情緒をコントロールするホルモンや免疫機能を高めるホルモンなど各種のホルモンも活発に分泌されている[12]。このことから「寝る子は育つ」といわれているのである。

　乳幼児（0～36か月）の睡眠に関する国際比較調査では，日本は全17か国中最も短く平均総睡眠時間は11時間37分であった（最長はニュージーランドで13時間19分）[13]。入園前の生活リズムと入園後のそれとは密接に関係していること[14]，乳幼児の睡眠は養育者の影響を大きく受けることから，できるだけ早い時期から早寝を中心とする規則正しい生活リズムを保障していくよう，周囲の大人が子どもの睡眠の重要性を理解し，適切な質と量

2. 生理的機能の発達　25

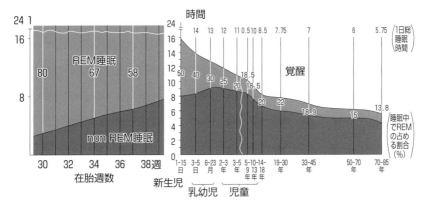

胎児期には次第にノンレム（non REM）睡眠が多くなる。出生後は起きている時間（覚醒）は次第に長くなり，相対的にレム（REM）睡眠は少なくなっていく。

図2-15　睡眠パターンの変化
（仁志田博司：新生児学入門第3版，医学書院，2004）

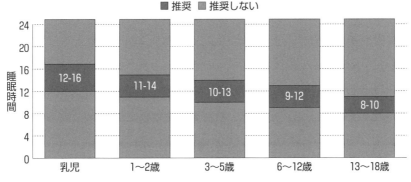

図2-16　子どもの推奨睡眠時間
（北村真吾：子どもの眠りの生理的変化～新生児から小学生まで～，チャイルドヘルス，20（10），2017）

を確保するよう配慮することが必要である（図2-16）。

（4）視　機　能

　新生児には，強い光や強い音，急に眼前に迫ってくるものが見えた時にまぶたを閉じる瞬目反射が見られる。出生時には白，黒，灰色しか見え

ず，視力は遠視気味で，輪郭ははっきりせず視野も狭い。2か月頃には人の顔をじっとみるようになり，4か月頃までには180度までものを追いかけること（追視）ができようになる。2歳頃の視力は0.4～0.6，3歳頃は0.6～0.8，5歳頃は1.0程度で，6歳頃には視機能は大人と同様になる[15)][16)]。

裸眼視力1.0未満は5歳で26.7％おり，親世代（23.1％）に比べて若干多くなっている。また裸眼視力0.7未満で眼鏡を使用していない幼児は6.7％いるとされる[5)]。このため，ぶつかるなど環境にうまく対応できない状況が頻繁にみられる場合は，単に本人の不注意や動きのぎこちなさではなく，見え方に問題があることも考えられる。

近年，子どもの近視については外遊びとの関係も指摘されており，屋外で多く活動する子どもの方がより近視になる確率が低いことから，太陽光に含まれるバイオレットライト（太陽光の一部で紫外線とブルーライトの間に位置する光）に近視抑制効果があるとされている[17)]。このことは領域「健康」の内容3「進んで戸外で遊ぶ」ことの大切さにも通じる。

視力だけでなく，視野も大人とは違い狭いとされ，大人と子どもとでは目の高さが違うだけでなく見え方も異なることを十分に理解し関わることが大切である。

 まとめの課題

1. 最近の子どもについて，気になることを挙げてみよう。通学途中やアルバイト先などで見かける乳幼児，授業やニュースで聞いたことなど，気になる子どもの姿はないだろうか。またそれが子どもの健康問題とどのような関係があるか考えてみよう。
2. 乳幼児の体の発育・発達を支援していくためにはどのような配慮が必要だろうか。乳幼児の体の発育・発達の特徴からいくつかの視点に着目し，具体的な支援についてその根拠を示しながら考えてみよう。

文献

1) 母子衛生研究会：乳幼児身体発育値（平成22年調査報告書），母子保健事業団，2011
2) 榊原洋一：これならわかる！ 子どもの保健演習ノート（改訂第3版），診断と治療社，2016，pp.12-15
3) 前掲2） p.58
4) 遠藤郁夫：保育保健2016，日本小児保健協議会，2016，pp.68-72
5) 文部科学省：平成30年度学校保健統計，2019
6) 前掲2） pp.43-44
7) 高野陽・加藤則子・加藤忠明：保育ライブラリー子どもを知る小児保健，北大路書房，2003，pp.22-26
8) 巷野悟郎：子どもの保健（第7版），診断と治療社，2016，pp.32-35
9) 前掲2） pp.42-43
10) 前掲2） pp.59-61
11) 神山潤：子どもの睡眠 眠りは脳と心の栄養，芽ばえ社，2003，pp.18-22
12) 前掲4） pp.51-52
13) Mindell, JA. et al.：Cross-cultural differences in infant and toddler sleep. Sleep Medicine, 11, 2010, pp.274-280
14) 吉田伊津美：幼児の生活習慣，乳幼児期からの発達を支える教育環境を考える会，乳幼児期の生活習慣が発達に及ぼす影響とその改善を促す教育環境の考察，平成20年度文部科学省委託研究「子どもの生活リズム向上のための調査研究（乳幼児期の調査研究）」報告書，2009，pp.6-12
15) 前掲2） pp.46-47
16) 前掲4） p.12
17) 坪田一男：あなたのこども，そのままだと近視になります。，ディスカヴァー・トゥエンティワン，2017

第3章 乳幼児期の運動

予習課題

・世界で活躍する日本人アスリートがメディアで取り上げられるとき、幼児期より保護者と二人三脚で競技に集中してきた姿を目にすることが少なくない。このように幼児期から特定の運動を集中的に経験することのメリットとデメリットについて考えてみよう。

1．0歳児から3歳未満児の運動発達と環境

(1) 0歳児から3歳未満児の運動発達の特徴

　乳幼児期の身体発達には一定の方向性がある。1つ目は頭部から脚部への方向性である。「首がすわる（頭部の発達）」「寝返り（体幹の発達）」「はいはい（脚部の発達）」といった方向性がこれにあたる（図3-1）。

　1歳後半になると、歩くことにも慣れ、「高い場所」「傾斜のある場所」「狭い場所」といったスペースに関心を示して歩きたがる姿が見られるようになる。変化のある場所を歩くことにより姿勢制御やバランスの取り方を経験的に学習するので、安全面に留意しつつ、できる限り多様に歩く経験を大切にしていきたい。2歳頃には、早足や走る動作が見られるようになってくる。

　2つ目は中心から末梢への方向性である。乳児期の上肢の発達は、「腕全体のおおまかな運動」からはじまり、次第に「物を握る、離す、引っ張る」等の手指のコントロールができるようになってくる。

物を握る運動では，初めは手の平全体でおおまかに掴んでいたのが，次第に指先だけを使って掴むこともできるようになる。このような発達は，粗大から微細への方向性である（図3-2）。安定した姿勢制御の獲得に伴い，両手を自由に使えるようになる。空いた両手を使い，ボール，手押し車，シャベルなどの身近な遊具を使い操作する動きを身に付けていく。環境に積極的に関わることを楽しむ気持ちが育ってくるのもこの時期の特徴

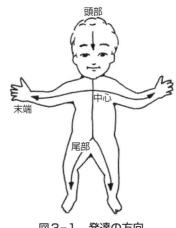

図3-1　発達の方向

の一つである。2歳頃には，「投げる」「捕る」「蹴る」「つかむ」「こぐ」といった基本運動の技能を子どもなりに楽しもうとする姿がみられるようになってくる。

　十分な栄養と休息に加え，保育者の適切な働きかけに支えられてこれらの発達が促されていくことを確認しておきたい。

（2）乳児期（0か月～12か月）の運動発達と環境

　生後まもなくみられる運動は「原始反射」や「ジェネラル・ムーブメント（乳児期に行われる自発的運動（不随意運動）の中でも全身を協調して動かす運動のこと）」である。

　原始反射は，出生後に自分で栄養を得る（吸啜反射），ものを掴む（把握反射・写真3-1）といったもので，これらは生存のために必要な運動とし

図3-2　把握運動の発達

（マッセン・コンガー・ケイガン，三宅和夫（訳）：発達心理学Ⅰ，誠信書房，1968）

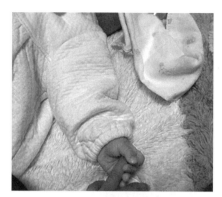

写真3-1　把握反射の様子

て生まれながらに身に付いていると考えられている。この時期の援助では、原始反射を利用して子どもとコミュニケーションを深めていくことが考えられる。たとえば、子どもに声をかけながら把握反射により握られた手をやさしく握り返すといったやりとりは、子どもに心地よい刺激として伝わるだろう。こうしたやりとりを繰り返すことで、子どもとの愛着関係も深まっていくことが期待できる。

　乳児は、ジェネラル・ムーブメントにより多様に体（関節）を動かす経験を積み重ねながら、タイミングを合わせて手足を動かす、寝返りのために体の重心を移動させるなど効率的な体の動かし方を学習している[1]。また、これらの運動は乳児の血液循環を補助（ミルキングアクション）し、酸素や栄養を体の隅々まで送り届けるための役割を果たしている。乳児が心地よくジェネラル・ムーブメントを発現できるような環境（部屋の温度や湿度、着衣の動きやすさ、布団の堅さや掛け布団の有無など）を整えることも保育者の大切な役割である。

(3) 1歳〜1歳11か月頃の運動発達と環境

　この時期には、「つかまり立ち」「伝い歩き」「歩行」「走る」といったように、様々な移動運動を身に付けていく。「傾斜のある場所や砂場などの不安定な面を歩く」「お買い物ごっこで物を持ちながら歩く」「電車ごっこでペースを合わせて歩く」など、多様な歩き方を楽しむ経験を積み重ねながら、安定して歩くことができるようになってくる。1歳の後半には、ボールや砂場の遊具などいわゆる小型遊具を操作する動きを楽しむことができるようになる。保育者がモデルとなり、遊具の使い方や楽しみ方などを子どもに伝えていくことにより、操作的な動き（遊び）への興味や関心を

高めていきたい。認知的側面も急速に発達し，言葉を話すことができるようになるのもこの時期である。「はやく」「ゆっくり」「つよく」「よわく」等の抽象的な概念は，身体を動かしながら実体験を通して理解を深めていく可能性が高いことを踏まえ，動きの変化を言葉で表現するなどして，運動を楽しむことができるといいだろう。運動発達と知的側面の発達が相互に深く影響を及ぼし合いながら発達が進んでいくこの時期の特徴を忘れずに，子どもへの運動刺激を豊かなものとしていく工夫を考えたい。

（4） 2歳～2歳11か月頃の運動発達と環境

すべり台やぶらんこ等を使ってダイナミックに身体を動かすことを楽しむようになってくる。視力も0.5程度になり，自分なりに距離を測って階段を登ったり降りたりしようとする姿がみられるようになる[2]。積木を重ねたり，洋服を着るなどの器用さが必要な動きもできるようになる。認知的側面の発達も進み，単語だけではなく動詞や形容詞を使い言語表現が豊かになってくる。また，様々な基準（色，形，大きさ，質量）で物を分類できるようになるのもこの時期の特徴である。

認知的発達が進むこの時期には屋外の多様な刺激を積極的に利用しながら，身体を動かす楽しさを感じることができるような援助を考えたい。たとえば，「木もれ日」や「風」の心地よさを感じその感覚を言葉で表現し楽しむこともできるだろう。

ダイナミックに身体を動かすことを楽しめるようになる一方で，動きを抑制することが難しいという面もある。何らかの刺激に反応して（大好きな公園が見えてきたなど）急に走り出したりするなど，動きをコントロールすることが苦手なためけがにつながる場合も少なくないので留意したい。

いわゆる「イヤイヤ期」「かんしゃく期」といわれる時期でもある。子どもがこのような気持ちになる原因のひとつには，「自我の芽ばえ」と「思うようにできない自分」との折り合いをうまくつけられないことが考えられる。運動場面において小さな「できる」経験を積み重ね，自信をつけることにより，「がんばってやってみよう」という気持ちが育っていく

ような援助を心がけたい。

2．3歳以上児の運動発達と環境

（1）3歳以上児の運動発達の特徴

　スキャモンの発育曲線（第2章，p.16）を見てわかる通り，2歳頃から一般型の発育がなだらかになる一方で，神経系型は引き続き6歳頃まで急激な発育を続け，ほぼ90％近くまで発育する。乳幼児期は特に神経系型の発育の敏感期であり，この時期は様々な運動遊びを通して，動きを習得していく（動きに関する神経ネットワークを様々に構築していく）絶好の機会となる。

　運動技能の獲得過程として，図3-3のような構造が示されている。0～2歳では「移動運動の技能」がまず獲得される。具体的には，「寝返り」「はいはい」「つかまり立ち」「歩行」などの動きがこれにあたる。2～6歳は「基本運動の技能」の獲得時期であり，この時期には，できる限り多様な種類の動きを経験することが望ましいとされている。なぜなら，神経系型が急激に発育するこの時期に獲得した動きをベースとして，7～10

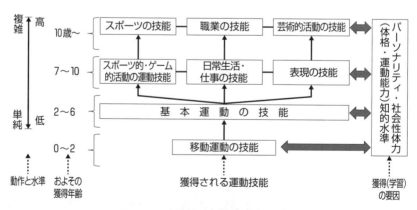

図3-3　運動技能の獲得過程の概念図
（近藤充夫：幼児のこころと運動，教育出版，1995）

歳で「スポーツ的・ゲーム的活動の運動技能」「日常生活・仕事の技能」「表現の技能」等，子どもの興味や関心に応じて様々な動きを洗練させていく段階へと移行するからである。動きがスムーズであるということは運動に親しむ気持ちにつながりやすく，運動習慣の獲得に向けた重要な第一歩となりうる。幼児期に幅広く運動を経験しておくことは，子どもの将来の可能性を広げるといった意味でも極めて重要である。

　幼児期運動指針では，幼児期に獲得していく動きを「体のバランスをとる動き」「体を移動する動き」「用具などを操作する動き」の3つのカテゴリーに分類し整理している。そして，5歳を過ぎる頃から，複数の動きを連続的にあるいは同時に組み合わせて動くことができるようになってくる。このことを「動きの組み合わせ」といっている[3]。たとえば，「ドッジボールでボールをキャッチしながらすぐに投げる（捕る動作から投げる動作への連続的な組み合わせ）」「相手が逃げる状況に合わせて追いかけながら投げる（走る動きと投げる動きの同時的な組み合わせ）」などである。幼児期

各種スポーツのスキル
ドッジボール，野球，サッカー，スケート，卓球，バドミントン，バスケットボール，柔道，剣道，水泳，テニス，バレエ，など

動きの組み合わせ
走りながら投げる，回りながら打つ，転がりながら蹴る，よけながらつく，登りながら捕る，など

幼児期に経験する基本的な動き

移動系 (Locomotion)	操作系 (Manipulation)	バランス系 (Stability)
走る，登る，よける，くぐる，など	投げる，捕る，蹴る，つく，打つ，など	渡る，ぶら下がる，回る，転がる，など

図3-4　動きの組み合わせからスポーツのスキルへ
（宮丸凱史：子どもの運動・遊び・発達，学研教育みらい，2011より一部改変）

には動きを組み合わせて行うことはまだ難しい場合が多いが，小学校入学後は動きの組み合わせができるようになり，体育授業でも複雑な動きが求められてくる。それぞれのスポーツにはそのスポーツに特有な動きの組み合わせがあり，特性に応じた動き方をスムーズにそして巧みに組み合わせていくことにより高いレベルで運動を実践できるようになっていくのである。幼児期に様々な遊びを通して基本的な動きを多様に経験しておくことは，その後の組み合わせのベースを築くといった意味でも重要である（図3-4）。

（2）運動レパートリーという多様性

これまで述べてきたように，幼児期はスキャモンの発育曲線にみられる神経系型の発育の敏感期であり，多様な動きを子どもなりに経験していくことがこの時期の運動発達にとって極めて重要なポイントとなる。つまり，保育者が運動遊びを援助する際には「動きの多様性を確保する」ことへの配慮が求められているといえるだろう。

「動きの多様性」としては，2種類の多様性が求められていることに留意したい。1つ目は「動きの種類の多様性」である。幼児期運動指針では，「動きのレパートリー」として示されている。図3-5は，幼児が自由遊びのなかで経験していた動きを観察し，その結果をまとめたものである。およそ80種類以上もの動きが観察されており，子どもが遊びの中で様々な動きを経験していたことが分かる。この調査が行われた1980年頃は，幼児の運動能力テストの結果も比較的高い時期と重なっていること，幼児が経験している動きの種類が多いほど運動能力テストの結果が高くなるという研究報告がなされていること[4]からも，幼児期における多様な動きの経験の重要性を確認することができる。

これらの研究成果をベースとして，2004（平成16）年より放送されたNHK教育テレビの幼児番組『からだであそぼ』では，幼児期に経験させたい動きとして36の動きがピックアップされた。また，杉原らは園における幼児期の動き経験の観察表として35の動きを取り上げている（第6章参照）。

2. 3歳以上児の運動発達と環境　35

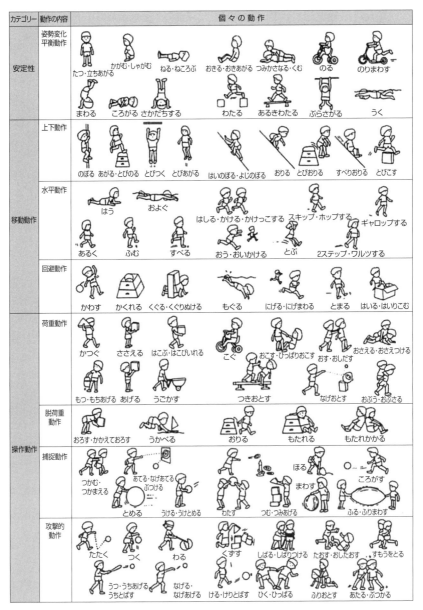

図3-5　基本動作とその分類
(石河利寛他：幼稚園における体育カリキュラムの作成に関する研究Ⅰ．カリキュラムの基本的な考え方と予備的調査の結果について，体育科学　8，1980)

子どもの運動実施の二極化（継続的に運動している活動的な子どもと，運動していない非活動的な子どもに極化している状況）の問題とともに，活動的な子どもの多くが，スイミング，サッカー，体操教室などの単一の習い事に偏っており，複数の運動遊びやスポーツを経験している子どもが非常に少ないという実態が報告されている[5]。このことは，実施しているスポーツに含まれる動作の経験が偏ることを意味しており，多様な動きの経験という観点からは課題が残る現状となっている。

このような状況を踏まえ，2017（平成29）年に改訂された幼稚園教育要領等の領域「健康」の内容の取り扱いには，「多様な動きを経験する中で，体の動きを調整するようにすること」という文言が新たに示されている。

（3）運動バリエーションという多様性

2つ目の多様性は「動き方の多様性」である。幼児期運動指針では，「動きのバリエーション」として示されている。

図3-6は「走る」，「投げる」，「跳ぶ」という動作が洗練されていく過程を5段階で示したものである。パターン1からパターン5のように動きが洗練されてくるためには，同じような走り方を繰り返す経験（たとえばランニングのように一定のフォーム・一定のペースで安定して走り続ける走り方）ではなく，多様な走り方の経験（たとえば，ジグザクに走る，坂道をかけのぼるなど）が重要となる。なぜなら，動きのバリエーションを多様に経験することにより，その動きに関連した神経のネットワークが緻密になり，結果として動きが洗練されてくるからである。子どもは，動きを繰り返し経験することによりその動きを上達させていくことができるので，子どもが経験する動きのバリエーションが豊かになるような工夫が保育者に求められている。動きのバリエーションを豊かにしていくことを考える際には，「空間的調整」「時間的調整」「力量的調整」といった3つの要素をそのポイントとして考えることができる。

たとえば，「跳ぶ」という動作であれば，「高く跳ぶ」（跳ぶ動きの空間的調整），「はやく跳ぶ」（跳ぶ動きの時間的調整），「片足で跳ぶ」（跳ぶ動きの力

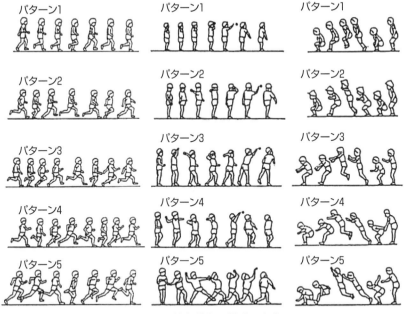

図3-6 基本動作の様式の変容
(中村和彦・宮丸凱史：幼児の動作発達に関する縦断的研究, 日本体育学会第40回大会号, 1989, p.508, 宮丸凱史：疾走能力の発達, 杏林書院, 2001)

量的調整）といったように，3つのポイントを参考として動きを変化させることにより，動きのバリエーションを豊かにしていくことができる。保育者が子どもに跳ぶ動きを経験させるような活動を計画する際には，こういった動きのバリエーションが豊かに含まれているかについて考えてみることが重要である。3つの要素は，環境や子どもの能力により，どのような場合でも変化させることができるわけではない。状況によっては，空間的な変化をさせることが難しい場合もある。一方で，「空間的要素」と「時間的要素」を同時に変化させるような展開が考えられる場合もあるだろう。保育者には，子どもの興味や能力，環境の特性などを勘案し，遊びの中で様々な動きのバリエーションを子どもが楽しく経験できるような工夫や配慮が求められている。

3．運動遊びへの関わり

（1）保育者の関わりと幼児期の運動能力の発達

保育者（クラス担任）の子どもへの関わり方と子どもの運動能力の発達の関係について調査された結果をみると，「運動レパートリー」「運動バリエーション」それぞれについて，それらを幅広く経験させようと意識して関わっている保育者のクラスの子どもの方が，そうでない保育者のクラスの子どもよりも運動能力が高くなる傾向のあることが明らかにされている（図3-7）。

この研究では，担任保育者の子どもへの関わりとして，他にも「自由遊びのときの子どもへの関わり方」「子どもが自発的に身体を動かそうとすることへの関わり方」「子どもの興味や関心が戸外へ向くようになることへの関わり方」「子どもの動線への配慮への関わり方」などの要因が検討

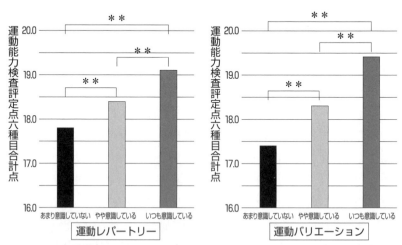

図3-7　保育者の運動レパートリーおよび運動バリエーションへの意識の違いによる幼児の運動能力の比較（＊＊p＜0.01）
（森司朗他：幼児の運動能力の現状と運動発達促進のための運動指導及び家庭環境に関する研究，平成27～29年度文部科学省科学研究費補助金（基盤研究B）研究成果報告書，2018．p.34より作成）

されているが，運動能力テストの結果との関係は認められていない。研究結果は，保育者の「子どもが経験している動きの多様性」に関する意識の持ち方が，幼児期の運動発達に影響を及ぼす可能性が高いことを示唆するものとして興味深い内容となっている。

（2）運動が苦手な子どもと運動経験

なわとびを跳んでみる，逆上がりに挑戦するなど，子どもにとって比較的難しい運動技能が要求される遊びにはじめて取り組む場合，短時間ですぐにできるようになる子どもがいれば，時間をかけても上達があまりみられない子どもがいる。一般的に，前者のタイプは「器用な子ども（運動神経がよい子ども）」といわれ，後者のタイプは「不器用な子ども（運動神経の鈍い子ども）」といわれる[6]。

「器用な子ども」といわれるタイプの子どもは，自分ができるようになるので，「有能感」を感じ，運動にも積極的に取り組む傾向にある。一方で，「不器用な子ども」といわれるタイプの子どもは，「できないからやりたくない」といった気持ちになりやすい。

ここで，器用な子どもと不器用な子どもの保育曲線（図3-8）について

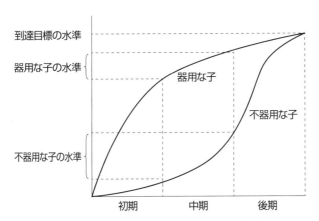

図3-8：器用な子と不器用な子の保育曲線
（近藤充夫：幼児のこころと運動，教育出版，1995，p.40）

考えたい。運動初期の段階において，器用な子どもはその動きが高い水準に到達する。このとき不器用な子どもは，低い水準に停滞したままである。ここで，あきらめてしまえば動きを経験することができなくなってしまう。経験しないということは運動に関する神経への刺激がなくなるということを意味するため，技能の上達はそこで停滞する。そして，低い水準のまま次の発達段階に進むことになり，児童・青年期での課題となる運動技能の習得を困難なものとしてしまう。

　重要なことは，不器用な子どもであっても，その運動を続けていけば，その水準が器用な子どもの水準へと近づいてくることにある。経験の回数を重ねるに従い少しずつ技能の水準が高まり，後半に急速に上達するのが不器用な子どもの保育曲線にみられる特徴なのである。子どもが途中であきらめそうになったときに，その運動を続けようといった気持ちが子どもに湧いてくるような働きかけが保育者に求められる。その際，はじめからできないことを繰り返して練習させるのではなく，その子のできるレベルの動きをバリエーションを豊かに楽しく経験できるかどうかが一つの大切なポイントになる。たとえば，なわとびがうまくできない子どもに対して，「なわをまわして跳ぶ」ようないわゆるなわとびの練習を始めからさせることは，保育者として適切な援助とはいいがたい。なわをまわして跳ぶことが難しいのであれば，その子が楽しく跳ぶことができる跳び方にはどのような方法があるのかを考え，子どもができる跳び方のバリエーションを豊かに経験していくことにより，その子どもの「跳ぶ」動き（跳び方）が結果として洗練されてくることを期待することになる。

　同時に注意しなければならないことは，上達するために必要な条件は動きの経験量であり，それは必ずしも活動に携わっている時間に比例するわけではないということである。たとえば「なわとび」を行っている場合でも，器用な子どもは一度に何度も跳ぶことができ，同じ時間遊んでいる不器用な子どもに比べて経験の量が多くなることがよくある。同じ時間なわとび遊びをしているのだから，同じだけ経験を積んでいるのだろうと思っていると不器用な子どもの経験量は少ないままに終わってしまう。保育者

が不器用な子どもと共にじっくりと取り組む時間を設けるなど，その経験量を増やすことを心がけることが大切である。

(3) 幼児期の運動経験と社会性の発達

幼児が遊びにどのような形で参加するのかについて調査した結果（図3-9）をみると，2～3歳では平行（並行）遊びが多く，3～4歳にかけて連合的な遊びや協同（協力）的な遊びが増えてくる（できるようになってくる）ことが分かる。それぞれの遊びの形が具体的にどのようなものであるかについては，表3-1を参考にしてもらいたい。

また，3～4歳にかけて，「遊びの約束がわかり，守れる子ども」が大幅に増えること（図3-10），4～6歳にかけて「きまりのない遊び」の出現率が急速に低下すること（図3-11）が報告されている。

これらの調査結果を踏まえると，3歳における運動援助では，個々の運動技能やペースにあわせて多様な動きを自分なりに楽しめる経験を中心として考えていくことが無理のない運動実践となるといえる。4歳頃より「きまりがわかり，守ることのできる子ども」の割合が6割程度になる。理解できる子どもが半数を超えることにより，まだ理解がおぼつかない子

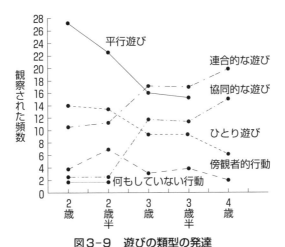

図3-9 遊びの類型の発達
(新井邦二郎：図でわかる発達心理学，福村出版，1997)

表3-1 仲間と遊びの種類

分類	内容
並行遊び	複数の子どもが並行して同じ遊びをする状態をさす。そばで同じ遊びをしていても，一緒に遊ばず，自分の遊びを他の子に説明することもない。たとえば，砂場で複数の子が同じようにカップに砂をつめてプリンをつくっている場面がそれにあたる。それぞれの子は自分の遊びに夢中で，隣の子の遊びには関心を示さない。
連合遊び	集団の遊びのひとつで，明らかにグループに属している者の間には共通の行動・興味や仲間意識が認められる。ほかの子どもと一緒に遊び，共通の話題での会話や遊具の貸し借りもみられる。しかし，遊びでの役割分担や組織化はまだみられない。
協力遊び	グループの役割分担や主従関係での組織化がある程度なされ，特定のものをつくったり何らかの行動をやり遂げようという目的が明確である。ルールのあるゲームでは，味方と敵の区別も自覚されている。

(原典：Parten.M.B.:Social participation among preschool children,Journal of Abnormal and Social Psychology 27,1932,pp.243-269)

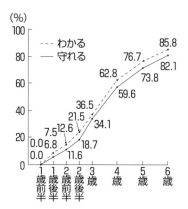

図3-10 生活年齢と遊びのきまりがわかる子，守れる子の割合

(村山貞雄：日本の幼児の成長・発達に関する総合調査，サンマーク出版，1987)

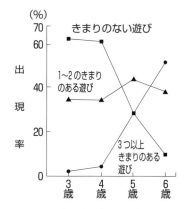

図3-11 生活年齢と遊びのきまりの関連

(近藤充夫：保育内容 健康，建帛社，1989)

どもも周りの友達の姿を確認しながら，ルールのある遊びがクラス全体の活動として成立するようになっていく。4歳頃の運動指導では，ルールのある遊びの楽しさに気付き，慣れ親しんでいくことを大切に考えたい。5〜6歳では，「きまりがわかり，守ることのできる子ども」の割合も増え（7〜8割程度），3つ以上のきまりのある遊びを楽しめるようになってくる。この段階では，子どもが友達とともに遊びを作りあげていく経験（ルールの変更，遊びの中での協調，役割分担など）が深まるような援助を考えていきたい（事例3-1参照）。

事例3-1　マット引っ張り競争

チーム対抗でのマットの引っ張り合いは，ダイナミックに身体を動かすことに加え，「状況を判断し，臨機応変に対応する」「自分の考えを主張したり，相手の考えを受け入れる」など社会性を育むための豊かな内容が含まれる遊びのひとつである（写真3-2）。この遊びは，遊戯室のような比較的広いスペースで行う。部屋の中央に子ども用のマットを3〜5枚並べ，2つのグループに分かれて中央に並べられたマットを保育者の合図で一斉に奪いにいく。自分たちの陣地までマットを引っ張り込むことができれば，そのマットは自分たちのものとなる。

写真3-2　作戦を立てる子どもたち

早くマットを引きずり込むことに成功した子どもは，ほかのマットの引っ張り合いに参戦できる。5歳児になるとチームの状況を見て助けにいったり，「だれがどのマットを引っ張るか？」などを話し合い，チームとしての作戦を立てて次のゲームに臨む姿が見られるようになる。

4. 幼児の運動能力の現状と運動発達に影響を及ぼす要因

(1) 幼児の運動能力の現状

　幼児期の運動能力に関する全国規模の調査結果として確認できるデータは，1966（昭和41）年のものがもっとも古く，それ以降，2016（平成28）年まで7回の調査が行われている。図3-12はこれまでの調査結果（時代推移）を示したものである。1986（昭和61）年から1997（平成9）年の10年間で，男女児ともに全ての種目の結果が低下し，1997年から2008（平成20）年の10年間は，低いままほぼ横ばいに推移。2008年から2016年にかけての7年間では，男女とも「走る」能力に関しては向上傾向にあり，男児の投能力は2008年と比較し低下傾向を示している。全体としてはこの7年間で運動能力の発達にほぼ変化は見られていない。

　このような傾向は，小学校の体力テストの結果もほぼ同様であることから，幼児期から体をたくさん動かして十分に遊び込むことが，子どもの運動能力低下の問題に対するひとつの突破口として期待されている。

(2) 幼児の運動能力の発達に影響を及ぼす要因

　幼児期の運動能力は，直接的には，運動経験の影響を受けて発達する。運動能力を高めるためには，運動経験は必要条件であり，運動を経験することなく運動能力を高めることはできない。そして，子どもの運動経験は子どもの生活環境に影響を受けている。たとえば，社会の都市化による空き地（子どもがダイナミックに動きまわれる空間）の減少や少子化による遊び仲間の減少は子どもの運動能力を低下させる間接的な要因としてメディア等で取り上げられることが多い。その他にも，運動経験に影響を与える生活環境（間接的要因）としては，生活時間や住環境（園環境）といった「物理的環境」，保護者や保育者の運動に対する考え方，きょうだいやよく遊

4. 幼児の運動能力の現状と運動発達に影響を及ぼす要因　*45*

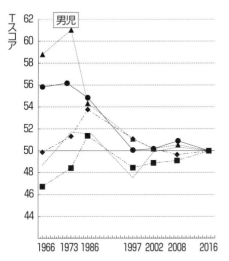

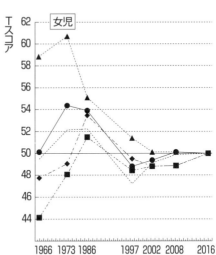

図3-12　幼児の運動能力の時代推移
(森司朗他：幼児の運動能力の現状と運動発達促進のための運動指導及び家庭環境に関する研究，平成27〜29年度文部科学省科学研究費補助金(基盤研究B)研究成果報告書，2018より作成)

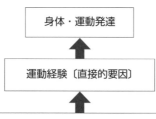

図3-13 運動能力に影響を及ぼす要因
(杉原隆・森司朗・吉田伊津美:幼児の運動能力発達の年次推移と運動能力発達に関与する環境要因の構造的分析,平成14〜15年度文部科学省科学研究費補助金(基盤研究B)研究成果報告書,2004一部改変)

ぶ友達の数といった「社会心理的環境」,栄養摂取状況の「化学的環境」といった要因が考えられている(図3-13)。

 まとめの課題

1. ひとつの遊具(すべり台,ボール,フープ,平均台など)で,子どもの動きのレパートリーを増やすための使用方法の工夫について考えてみよう。
2. ひとつの動き(走る,跳ぶ,投げるなど)のバリエーションを豊かにするための遊び方の工夫について考えてみよう。

引用・参考文献

1) NHKエデュケーショナル:NHKスペシャル 赤ちゃん 成長の不思議な道のり[DVD],2007
2) 成田奈緒子:しつけと育脳,主婦の友社,2017
3) 宮丸凱史:子どもの運動・遊び・発達,学研教育みらい,2011
4) 杉原隆他:幼児の運動能力と基礎的運動パターンとの関係,体育の科学61(6),2011,pp.455-461
5) 瀧井宏臣:こどもたちのライフハザード,岩波書店,2004
6) 近藤充夫:幼児のこころと運動,教育出版,1995,p.40

第4章 乳幼児期の安全教育とけがの予防

📖 予習課題

1. 乳幼児期のけがや事故の事例について，以下の観点から調べてみよう。
   - メディアで報道された乳幼児期のけがや事故
   - これまでに実際に経験した（実習先，自分自身の経験など）乳幼児期のけがや事故
2. 調べてきた内容を共有し，その原因や予防の方法について話し合ってみよう。

1．けが・事故の実態

（1）子どもの死亡事故

　私たちは日々の生活の中で，子どものけがや事故についてのニュースを見聞きすることも少なくない。メディアの性質上，重症なケースが取り上げられることが多く，そのたびに事故に巻き込まれた子どもの状況や保護者の気持ちを想像し胸が締め付けられる。特に死亡事故は，取り返しがつかない点で意味するところは深刻である。仮に自身の不注意や力量不足によりそのような結果を招いたとすれば，その時の絶望感や喪失感はどういうものだろうか。保育職を目指す者として，そのことに思いをめぐらせたい。また，年間を通して一度も保育中の死亡事故が起こらなかった年はなく，子どもの死亡事故発生率をゼロとすることが難しいという現実を真摯に受け止める必要がある。子どもと保育者の双方にとって不幸な結末でし

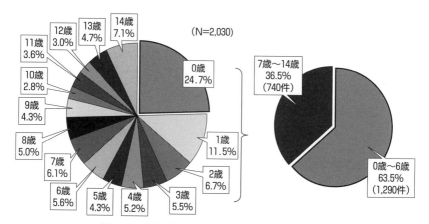

図4-1　年齢別子どもの不慮の事故死発生比率
（消費者庁資料：子どもの事故の現状について，平成29年度第1回子供の事故防止に関する関係府省庁連絡会議資料1-1，2017）

かないそのような事態をできる限り未然に防ぐために，必要な知識の蓄積や更新，実習やボランティア活動等を通した実践力の向上に努めることが重要である。

重大な事故は必ず未然に防ぐという観点から，まずはどのような状況で子どもの死亡事故が起こりやすいのかを知っておきたい。WHOのICD分類（国際疾病分類）では，「不慮の事故」として，交通事故，転倒・転落，不慮の溺水および溺死，不慮の窒息，煙・火および火災への曝露などが分類されている[1]。図4-1は，2010〜2014（平成22〜26）年の間に報告された子ども（14歳以下）の不慮の事故死発生比率である。0歳児が全体の約25%を占めており，0〜6歳児を合算すると全体の約64%となることが分かる。このように，乳幼児期は他の年齢に比べて不慮（の事故）による死亡事故が比較的発生しやすいという認識を持つことが必要である。

表4-1は子どもの不慮の事故死の原因についてまとめたものである。窒息は，0歳で圧倒的に多く発生しており，1〜2歳でも上位を占めている。特に0歳児では，就寝時の窒息，1〜2歳では胃内容物や食物の誤嚥に留意しなければならない。交通事故は，1歳以上で全て1位であり，年齢が高くなるにつれてその割合も大きくなっている。5，6歳児では不慮

表4-1 死亡事故の原因（年齢別）

	1位	2位	3位	4位	5位
0歳	窒息 （就寝時） 31.9%	窒息 （胃内容物の誤嚥） 22.5%	窒息 （詳細不明） 11.0%	窒息 （食物の誤嚥） 9.8%	交通事故 5.8%
1歳	交通事故 28.2%	溺水 （浴槽内） 23.1%	窒息 （胃内容物の誤嚥） 9.4%	窒息 （食物の誤嚥） 7.7%	窒息 （その他の物による誤嚥） 5.1%
2歳	交通事故 43.4%	窒息 （胃内容物の誤嚥） 8.1%	溺水 （その他原因） 7.4%	窒息 （食物の誤嚥） 5.9%	窒息 （詳細不明） 4.4%
3歳	交通事故 36.6%	建物からの転落 16.1%	溺水 （屋外） 8.9%	溺水 （浴槽内） 7.1%	窒息 （食物の誤嚥） 5.4%
4歳	交通事故 35.8%	建物からの転落 13.2%	溺水 （浴槽内） 8.5%	溺水 （その他原因） 8.5%	溺水 （屋外） 7.5%
5歳	交通事故 47.1%	溺水 （屋外） 13.8%	溺水 （浴槽内） 6.9%	溺水 （その他原因） 4.6%	建物からの転落 3.4%
6歳	交通事故 49.6%	溺水 （屋外） 19.5%	溺水 （その他原因） 6.2%	溺水 （浴槽内） 4.4%	建物からの転落 4.4%

（消費者庁資料：子どもの事故の現状について，平成29年度第1回子供の事故防止に関する関係府省庁連絡会議資料1-1，2017）

による死亡事故のほぼ半数が交通事故である。また，溺水が1歳以上全ての年齢で3位までの死因として挙げられていることにも留意したい。乳幼児の場合，20cm程度の水深でも溺水事故が報告されており，保育環境における水回りの管理を徹底しなければならないことが分かる。建物からの転落は，3・4歳で2位，5・6歳で5位となっている。2階部屋の窓の鍵，窓の周りに子どもがよじ登ることができるような台などを置いたままにしていないかなどの点検を忘れないように心がけたい。

（2）負傷の場所

学校管理下の事故として，2017（平成29）年度に医療費の給付があった

負傷の場所別発生割合（幼稚園，認定こども園，保育所）について図4-2にまとめた。

　病院で診察を受ける程度のけがといえば，外でダイナミックに動いて遊んでいるときのものが想像されるのではないだろうか。しかし，幼稚園では園舎内と園舎外の事故発生割合はほぼ半々であり，認定こども園や保育所では，園舎内の負傷事故が園舎外の事故をわずかに上回っている。では，園舎内のどのような場所で負傷事故は多く起こっているのだろうか。園舎内では，保育室での事故が圧倒的に多く，次いで遊戯室や廊下が多い（図4-3）。特に保育所では，遊戯室と同程度の負傷事故が廊下で起こっている。廊下を子どもの遊びスペースとして使用している場合は，雨天時の廊下の環境構成に配慮する必要があるだろう。雨天の影響で滑りやすくなった廊下で子どもがダイナミックに遊んでいれば，思わぬけがにつながる可能性も高くなる。そのような状況では，子どもにその危険性について丁寧に伝え，適切な過ごし方をともに考える経験を通して，安全についての構えを身に付ける機会としていきたい。その他の場所としては，便所，玄関，屋上，ベランダなどでの負傷が報告されている。

（3）遊具での負傷

　園舎外にある固定遊具では，すべり台やアスレチック（総合遊具）での

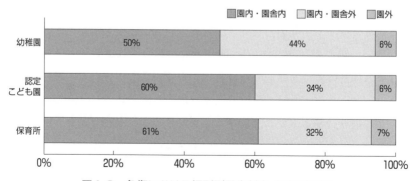

図4-2　負傷における場所別発生割合（2017年度）
＊医療費の給付があった（通院した）負傷の発生場所
（日本スポーツ振興センター学校安全部：学校管理下の災害（平成30年版），2018）

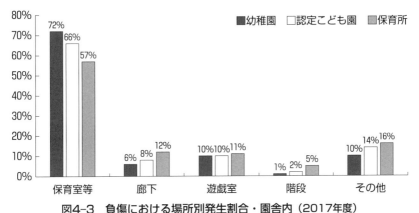

図4-3　負傷における場所別発生割合・園舎内（2017年度）
（日本スポーツ振興センター学校安全部：学校管理下の災害（平成30年版），2018）

負傷事故が他の遊具に比べると比較的多く発生している（図4-4）。

　ぶらんこの事故はすべり台や鉄棒などの遊具に比べて事故の発生割合が低くなっているが，これは遊具の使用スタイルが影響を及ぼしているものと考えられる。幼稚園設置の最低基準を定めた幼稚園設置基準が1995（平成7）年に一部改正されるまで，幼稚園には「すべり台，ぶらんこ，砂場」のほか，机，腰掛，積み木，玩具，絵本，ピアノまたはオルガン，簡易楽器などの「園具及び教具」を置かなければならないことが規定されてい

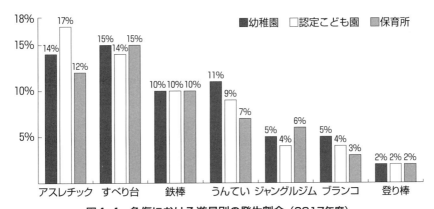

図4-4　負傷における遊具別の発生割合（2017年度）
（日本スポーツ振興センター学校安全部：学校管理下の災害（平成30年版），2018）

た。しかし，改正にともない「幼稚園に備えなければならない園具及び教具についての大綱化」が実施され，教育上必要な園具や遊具を備えればよいことに変更となった。この改正により，負傷事故が多く発生していた「ぶらんこ」の使用法については，保育者の監視下でという制限を設ける園が増えたという背景がある。つまり，園のぶらんこがアスレチックやすべり台，鉄棒と同様に，自由に使えるものである場合は，負傷事故が発生する割合の高い遊具として注意する必要のあることを覚えておきたい。

（4）負傷の部位

　乳幼児期の体の比率は，大人に比べて頭部の割合が大きい（第2章）。さらに，体を支える骨や筋肉が大人のように十分に発達しておらず，バランスをとる動きにも不慣れなため，乳幼児は転倒しやすいといえる。

　乳幼児期の部位別の負傷発生割合をみると，顔部の負傷の割合が他の部位に比べて非常に多い（図4-5）。事故の例としては，衝突やバランスを崩したことによる転倒，すべり台の踊り場やアスレチック遊具といった高所からの転落などが報告されている。

　一方，これらの遊具で十分に遊ぶことにより，自分が転落（転倒）することなくバランスを保てる状態（範囲）を子どもなりに身に付けていると

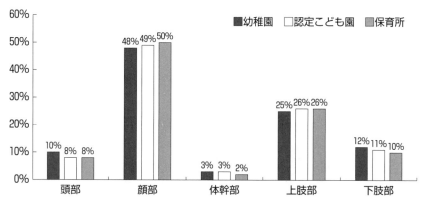

図4-5　負傷における部位別発生割合（2017年度）
（日本スポーツ振興センター学校安全部：学校管理下の災害（平成30年版），2018）

考えることもできる。そういった意味では，大きな負傷に結びつくような活動（動き）に留意しながら，子どもなりにバランスを調整する遊びの経験を保証していくことは保育の大切な役割のひとつであるといえる。このように，遊びを通して体をコントロールする感覚を身に付けることで，その感覚が遊びの場面だけでなく，日常生活での安全についての構えにも関係してくる。この意味で，遊びの中で多様な動きを経験することは重要である。

2．けがの予防と安全管理

死亡を1とすると，それに対する入院を必要とした事故の割合は180，外来受診事故は16,000という報告がある[2]。さらにその下位には，病院への受診を見合わせたけがが多く存在しているはずであることを考えれば，園における身近なけがの予防につながる具体的な対策について知っておくことも重要である。

（1）リスクとハザード

幼稚園教育要領等では「遊びを通して安全についての構えを身に付けること」，「安全面について見通しを持って行動すること」の重要性が指摘されている[3]。子どもが「危ない」と肌で感じる経験を通してこそ，それに対処するための構えや，危険性を見通して回避する能力が育まれる可能性が高いことを考えたとき，保育者は「子どもの危険にまつわる体験」を避けて通ることはできないように思われる。一方で，「子どもの危険にまつわる体験」を保証した結果として「子どものけが」につながってしまった時の責任問題が頭をよぎることも事実であろう。

では，保育者は子どもの遊びにまつわる危険性についてその経験の範囲をどのように考え，判断していけばよいのだろうか。ここでは，遊びにまつわる危険性を「リスク」と「ハザード」という要素に分けて捉える考え方を紹介する[4]。

リスク：リスクは，遊びの楽しみの要素で冒険や挑戦の対象となり，子どもの発達にとって必要な危険性は遊びの価値のひとつである。子どもは小さなリスクへの対応を学ぶことで経験的に危険を予測し，事故を回避できるようになる。また，子どもが危険を予測し，どのように対処すれば良いか判断可能な危険性もリスクであり，子どもが危険を分かっていて行うことは，リスクへの挑戦である。

ハザード：ハザードは，遊びが持っている冒険や挑戦といった遊びの価値とは関係のないところで事故を発生させるおそれのある危険性である。また，子どもが予測できず，どのように対処すれば良いか判断不可能な危険性もハザードであり，子どもが危険を分からずに行うことは，リスクへの挑戦とはならない。

たとえば，子どもの川遊びの場面を想像してみてもらいたい。川で遊ぶということは，「水中の不安定な石に体重をあずけてしまいバランスを崩して転倒する」，「水深が急に深くなる場所がある」，「水中の苔や藻で足を滑らせる」，「急流に流される」といった様々な危険性に対応することが求められる。一方で，「溺水するかもしれないから危ない」という理由を優先させて水遊び自体を禁止してしまうことや足首程度の水深までで遊ぶといったようなむやみな制限を加えることは，「川の流れを身体で感じてみたい」という子どもの挑戦する気持ちや意欲（遊びの中に内包される価値）を損ない，遊び（この場合は川遊び）そのものの魅力を子どもの世界から取り上げることにつながる可能性がある。

リスクとハザードの境界は一様に決められるものではなく，子どもの能力や経験値により変化するものである。ある子どもにはリスクとして許容できる範囲（川遊びの場合は水深，川の流れ，水温等）が他の子どもにはハザードとなる場合もあるので，保育者には子どもの運動能力や危険回避能力，行動特徴などを含めてその経験が持つ意味を総合的に判断することが求められている。

子どもは保育者に見守られながら，小さなリスクへの対応を学ぶ経験を少しずつ積み重ねることを通して，自身で危険を予測し，事故を回避できる能力を育んでいくのである。

(2) 3つのリスク

　園における事故のリスクは,「子どもの持つリスク」,「保育者の持つリスク」,「施設・設備の持つリスク」の3つに大きく分けられ,個々の事故は単一の要因だけでも発生するが,園における事故は3つのリスクをコントロールすることで低減できることが示唆されている（図4-6）。

　具体的には,子どもの持つリスクとして,「遊具での遊び方やルールを理解できているか」,「危険を回避するための予測力が育っているか」,「情緒や体調が安定しているか」等の要因が,職員（保育者）の持つリスクとして,「自身の危険予知能力の向上に努めているか」,「子ども各個人の発達段階や特徴を把握しているか」,「園舎,園庭の特性を理解しているか」,「職員間の情報交換を行っているか」等の要因が,施設や設備の持つリスクとして,「常に安全点検が行われているか」,「異常を発見したときにすぐに修理されているか」,「砂場の状態,遊具の角,室内備品の置き方などについて常に点検整備が行われているか」等の要因がある[2]。

　園全体の事故を減らしていくためには,物理的環境の安全管理ばかりで

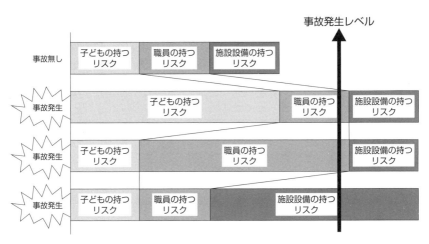

図4-6　3つのリスクと事故発生の関係
（田中哲郎：保育園における事故防止と安全管理, 日本小児医事出版社, 2011）

はなく，クラスの子どもの持つリスクを低減していくことも保育者の重要な役割であることを踏まえ，実際に身体を動かして遊ぶ中で子ども自身が様々な危険性に気付き，危険回避能力が育っていくような援助（言葉がけ，環境構成）の工夫を心がけたい。

(3) ハザードマップの活用

事故やけがの予防を目的としたハザードマップの作成や活用は，特に経験の浅い保育者には効果的である。たとえば，「園庭」，「保育室」，「散歩コース」ごとにマップを作成し，「過去のヒヤリハット」，「メディアで報じられた事故の事例」，「研修で得た知識」などの情報を付箋紙で貼り付けていくことにより，留意しなければならないポイントを見渡せるようになるだろう。園の状況によっては，危険度に合わせて付箋の色を変えたり，時間情報を加えることも検討したい。

まとめの課題

授業で学習したリスクとハザードについて自身のこれまでの体験をもとに振り返ってみよう。
1. これまでの経験の中で，遊びの中のリスクやハザードにはどのようなものがあっただろうか。
2. リスクを経験することで気付いたことや身に付けたことは何かあっただろうか。
3. 子どものリスクに向き合う時，保育者の構えとして留意しておくことはなんだろうか。

引用文献

1) 遠藤登：保育救命　保育者のための安心安全ガイド，メイト，2018. p.13
2) 田中哲郎：保育園における事故防止と安全管理，日本小児医事出版社，2011
3) 文部科学省：幼稚園教育要領，2017
4) 国土交通省都市局公園緑地・景観課：都市公園における遊具の安全確保に関する指針（改訂第2版），2014

第5章　乳幼児期の生活習慣の形成

📖 予習課題

1. 基本的生活習慣の獲得の過程で自分の親御さんが工夫したことを聞いてみよう。
2. 幼児期の生活習慣の乱れだと思う子どもの姿を集めて，話し合ってみよう。
3. 子どもの頃，嫌いなもの・食べられなかったもので，今は食べられるものがあるか。その変化にきっかけなどはあったか考えてみよう。
4. 乳幼児の頃の自分の就寝時の様子を，親御さんに聞いてみよう。

1．生活習慣形成の意義

　前原によれば，生活習慣とは「毎日の生活を送る中で習慣化された行為」[1)]をいい，その中でも，生命的な行為として日常的に繰り返されるものは基本的生活習慣（食事，排泄，睡眠，着脱衣，清潔）と呼ばれている。この生命的な行為は，同時に，その形成過程においては文化の影響を強く受ける（例：日本と欧米の食事用具，箸とフォークの使用法とマナーの違い）。子どもはそれを一緒に生活する大人の姿を通して身に付けていくのだが，単純な模倣によるのではなく，その時々の状況にふさわしい行動を選択するようになるためには，基盤となる判断力や統制力の育ちが必要である。また谷田貝は，食事・睡眠・排泄を生理的基盤に立つ習慣，着脱衣・清潔を社会的・文化的・精神的基盤に立つ習慣と整理し，「これらの習慣を幼児期に確実に身に付けておかないと，そのこどもはそれ以後の生活に支障をきたすともいわれている。よって，幼児教育の必要性の課題の一つとな

っている」と述べる[2]。(基本的)生活習慣の形成が保育において非常に重要な理由は何か。それは，人として生きていく上で必要であり，この国，この社会の一員として生きていくことの基盤になるからである。そのため，現行の就学前施設に関する保育の指針，要領では表5-1のように考えられている。また，習慣として獲得することで，生活面だけでなく，遊びも充実していく。

近年，核家族化，少子高齢化，男女共同参画社会，就労している母親の増加など，子どもを取り巻く生活環境は，食生活や生活リズムの乱れといったかたちで生活の基本的な部分に大きな影響を及ぼしている。以前は3歳児入園時にはオムツが取れていることは当たり前の事であったが，この頃ではその様相はだいぶ変わってきている。谷田貝は，紙おむつの使用が原因であるとする[3]。他にも，孤食，朝食を食べない子ども(家庭)，遅寝・早起きなどの問題が指摘されている。

定年近い園長が，「お昼寝の時，どれ，トントンしてやろうかなと2歳児のそばに行ったら，『キモイー，あっち行け』と言われ，ちょっとショックだった」と話した。その子の母親は「うちの子は一人で寝(られ)ます」と言っていたそうだが，母親の話や家庭訪問での姿から，いつの間にかその辺で寝てしまっているのを母親は一人で寝ると捉えているのではないかと推察された。家庭での就眠のスタイル，定刻に親と寝具に入り，(子守歌やお話や絵本で)寝かしつけるというあり方も変化してきていることがうかがえる。「人間の睡眠はたいへん個性に富んでいて，多様性がいちじるしい(略)とはいえ，子どもにとっては，親がそばにいて寝かしてくれることは，世界に共通する子どものための入眠儀式」[4]だというのも崩れつつあるのかもしれない。

(基本的)生活習慣の形成には家庭での関わりが大事であるが，家庭外で過ごす時間が長くなっている現代では(図5-1)，その認識は通用しない。一人でできることが年々減っていること(図5-2)からも，保護者と協力して健康的な生活リズムを子どもの生活に定着させるためには，保育者の役割は大きくなっている。

表5-1 幼稚園教育要領，保育所保育指針，幼保連携型認定こども園教育・保育要領にみる生活習慣の形成

	乳児	一歳以上三歳未満児	三歳以上児
ねらい	食事，睡眠等の生活のリズムの感覚が芽生える。	健康，安全な生活に必要な習慣に気付き，自分でしてみようとする気持ちが育つ。	健康，安全な生活に必要な習慣や態度を身に付け，見通しをもって行動する。
内容	・個人差に応じて授乳を行い，離乳を進めていく中で，様々な食品に少しずつ慣れ，食べることを楽しむ。 ・一人一人の生活のリズムに応じて，安全な環境の下で十分に午睡をする。 ・おむつ交換や衣服の着脱などを通じて，清潔になることの心地よさを感じる。	・食事や午睡，遊びと休息など，保育所（こども園）における生活のリズムが形成される。 ・様々な食品や調理形態に慣れ，ゆったりとした雰囲気の中で食事や間食を楽しむ。 ・身の回りを清潔に保つ心地よさを感じ，その習慣が少しずつ身に付く。 ・保育士（保育教諭）等の助けを借りながら，衣類の着脱を自分でしようとする。 ・便器での排泄に慣れ，自分で排泄ができるようになる。	・保育士等（保育教諭等／先生）や友達と食べることを楽しみ，食べ物への興味や関心をもつ。 ・健康な生活のリズムを身に付ける。 ・身の回りを清潔にし，衣服の着脱，食事，排泄などの生活に必要な活動を自分でする。 ・保育所（こども園／幼稚園）における生活の仕方を知り，自分たちで生活の場を整えながら見通しをもって行動する。
内容の取扱い	健康な心と体を育てるためには望ましい食習慣の形成が重要であることを踏まえ，離乳食が完了期へと徐々に移行する中で，**様々な食品に慣れるようにするとともに，和やかな雰囲気の中で食べる喜びや楽しさを味わい**，進んで食べようとする気持ちが育つようにすること。なお，食物アレルギーのある子ども（園児）への対応については，嘱託医（学校医）等の指示や協力の下に適切に対応すること。	・健康な心と体を育てるためには望ましい食習慣の形成が重要であることを踏まえ，**ゆったりとした雰囲気の中で食べる喜びや楽しさを味わい**，（同左欄）。 ・排泄の習慣については，一人一人の排尿間隔等を踏まえ，おむつが汚れていないときに便器に座らせるなどにより，少しずつ慣れさせるようにすること。 ・食事，排泄，睡眠，衣類の着脱，身の回りを清潔にすることなど，生活に必要な基本的な習慣については，一人一人の状態に応じ，落ち着いた雰囲気の中で行うようにし，子ども（園児）が自分でしようとする気持ちを尊重すること。また，基本的な生活習慣の形成に当たっては，家庭での生活経験に配慮し，家庭との適切な連携の下で行うようにすること。	・健康な心と体を育てるためには食育を通じた望ましい食習慣の形成が大切であることを踏まえ，**子ども（園児／幼児）の食生活の実情に配慮し，和やかな雰囲気の中で保育士等（保育教諭等／教師）や他の子ども（園児／幼児）と食べる喜びや楽しさを味わったり，様々な食べ物への興味や関心をもったりする**などし，食の大切さに気付き，進んで食べようとする気持ちが育つようにすること。 ・基本的な生活習慣の形成に当たっては，家庭での生活経験に配慮し，子ども（園児／幼児）の自立心を育て，子ども（園児／幼児）が他の子ども（園児／幼児）と関わりながら主体的な活動を展開する中で，生活に必要な習慣を身に付け，次第に見通しをもって行動できるようにすること。

乳児，一歳以上三歳未満児は，保育所保育指針，幼保連携型認定こども園教育・保育要領の記述から，三歳以上児は，同左に幼稚園教育要領の記述を加え，（　）内表記は，幼保連携型認定こども園／幼稚園の順とした。（太字著者）

第5章 乳幼児期の生活習慣の形成

幼稚園児

調査年	(人数)	家を出る平均時刻	家の外にいる平均時間	家に帰る平均時刻
1995年	(664)	8:46	5時間39分	14:25
2000年	(512)	8:42	5時間58分	14:40
2005年	(685)	8:39	6時間05分	14:44
2010年	(1,119)	8:38	6時間18分	14:56
2015年	(1,335)	8:36	6時間11分	14:47

保育園児

調査年	(人数)	家を出る平均時刻	家の外にいる平均時間	家に帰る平均時刻
1995年	(184)	8:33	8時間36分	17:09
2000年	(243)	8:24	8時間59分	17:23
2005年	(370)	8:17	9時間15分	17:32
2010年	(637)	8:13	9時間31分	17:44
2015年	(997)	8:07	9時間34分	17:41

(時:分)

※1995年調査は，「18時以降」を18時30分，2000年調査以降は，「18時頃」を18時，「18時半頃」を18時30分，「19時以降」を19時と置き換えて算出した。
※「家の外にいる平均時間」は，「家を出る平均時刻」と「家に帰る平均時刻」から算出した。

図5-1 家を出る・家に帰る平均時刻と家の外にいる平均時間（就園状況別　経年比較）
（ベネッセ教育総合研究所：第5回幼児の生活アンケート，2016）

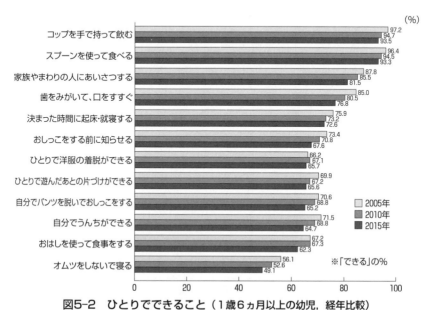

図5-2 ひとりでできること（1歳6ヵ月以上の幼児，経年比較）
（ベネッセ教育総合研究所：第5回幼児の生活アンケート速報版，2015）

2．0歳児から3歳未満児の生活習慣の形成と環境——身辺自立・生活習慣形成の姿

（1）排　泄

> **事例5-1**　2歳2か月　5月下旬
>
> <u>最近，簡易便器(オマル)のかわいさに惹(ひ)かれてまたがることを喜ぶ。今日は「シーでるかな～」と言いながら衣類を取ってまたがせてみた。子どもと保育者で「シー」などと言っていたが，しばらくして排尿の音がして，子どもも下を向いている</u>。保育者が「あー，シッコでたねー」「えらいえらい」と言うと子どもも嬉しそうである。

1）トイレットトレーニング（排泄訓練）

　谷田貝は，排泄の習慣は「身体の生理的条件が十分に成熟しないと，しつけても効果がない。排泄のしつけは子どもの排泄の時間を見計らって，特定の大人が「シー，シー」「ウン，ウン」などとかけ声をかけて排泄を促すことから始まる」と言う[3]。

　事例5-1下線のような姿が偶然ではなく何度もあることを目安に，保育者はその子が気持ちよくオムツをはずせる最適期を探す。オムツからパンツ・便器での排泄への移行（トイレットトレーニング）は，2歳前後が目安と考えられてきた。そうした発達に関する知識や保育経験による妥当性はあるだろうが，排泄は尿をためておける膀胱の力，水分の摂取量，活動量と発汗作用など極めて個別な生理と生活に密着しており，トイレットトレーニングはその子なりの時期に無理なく行う必要がある。

　さらに，夏に向かう季節（状況性）も，思い切ってオムツを外してみようとすることと関係する。寒さで冷えて排泄の間隔が狭まることもなく，失敗してもさほど冷たく感じない。薄着で，洗濯物の乾きも早いなど，排泄の自立にゆったりと付き合える。水遊びなど戸外で活発に遊べるので，

オムツをとると下半身が身軽になり動きやすいという判断もある。

睡眠中に尿意を感じて排尿を調節するのは2〜4歳[5]であり，昼間，活動中にはオムツを外しても寝る時にはオムツをするなど，状況に合わせて少しずつ移行していくことが望ましい。

2）排泄と心身の安定

2歳は「歩く，走る，跳ぶなどへと，基本的な運動機能が次第に発達し，排泄の自立のための身体的機能も整うようになる。つまむ，めくるなどの指先の機能も発達し，食事，衣類の着脱なども，保育士等の援助の下で自分で行うようになる」[6]。自分ですることが誇らしく，大人の承認や励ましに支えられて意欲的に取り組む姿もあるが，スムーズにいかないことも多い。

園生活は，魅力的なこともあれば，思いのぶつかり合いもある。気持ちが不安定だと身の回りのことを自分でする気にはなれないだろう。また，眠い時の排泄の要求は面倒に感じられるなど，生理的な状態も，排泄に気持ちが向くかを左右する。大きなショックを受けると，排泄の自立後でもおねしょやおもらしをすることがあるなど，デリケートなものである。その時々の心身の状態に十分配慮しながら，子どもが自分で排泄する喜びと成就感を感じられるようなかかわりが大切である。

（2）睡眠・午睡（昼寝）・休息

事例5-2　10か月児

> ゴウは，朝8時半過ぎに母親に連れられて来て，まず眠る。ほおって置くとずっと眠っているので，昼寝の時に眠れないのではないかと気になり，担当保育者は40分ほどで起こすようにしている。機嫌よく起きる。

ヒトの24時間の睡眠─覚醒パターンは年齢によって変化する。1日の大半を眠っている生後間もない赤ちゃんも，次第に目覚めている時間が長くなり，目覚めている時とウトウトしている時の区別がはっきりしてくる。大人は，日中目覚めて活動し，夜就寝する単相性睡眠だが，0〜2歳

児は，目覚めている時と眠っている時がはっきり二分できず，1日のうちに何度も交代する多相性睡眠から，日中，昼寝の回数が1度くらいにまとまりはじめ，やがて日中は起きて過ごすようになる移行期にあたる。個人差はあるが，0～2歳児は午睡（昼寝）が必要だと考えられている。

特に0歳児は寝たい時に眠るのが当然の年齢である。事例5-2で保育者は，午睡（昼寝）という園生活の流れを視野に入れている。個の生理やリズムが最優先であり，園生活のリズムで乱されないよう子どもの様子にきいていく必要がある。その一つが起きた時の様子である。十分な睡眠がとれていないと機嫌よく起きられないから，「機嫌よく起きる」ことは大切である。機嫌よく目覚めると，それ以後の生活を気持ちよく過ごせる。それが朝，園生活の始まりの時ならなおさらである。

ただ，機嫌よく起きていても慢性的な睡眠不足にある場合もあり[7]，保護者との連絡を密にしながら，状態を把握して子どもの生活トータルで考えていく必要がある。園生活の流れとして定まった睡眠の時間はあっても，1人1人の睡眠のリズムは違う。午前中の活動量や，日頃，あるいは前日の睡眠のとり方や当日の起床時間によっても眠くなる時間や欲している睡眠は違う。睡眠にこだわらず，体を休める・休息の視点で考えていく必要がある。睡眠や休息後，体が軽やかに感じられるなどを実感し，やがて体を休める意味が分かるようになる。

(3) 食　　　事

事例5-3　1歳11か月児

元気に外遊びをしていたが，「お肉よー，早く入っておいでー」と言われ，入ってきて席に着いたものの，促されて手を洗い，再度テーブルに着いたアユミは串カツを一口ほお張るなり，「ウンメェ！」と力強く首を縦に振る。

食事の時間にお腹が空き，おいしく食べることは，人間が生きる力の基本である。事例5-3にあるように，意欲して食卓につく姿は乳幼児期に最も大切である。0～2歳という時期は，大人に食べさせて（授乳して）

もらっていたものが，上肢の成熟などにより自分の手指を使ってひとりで食べたがり，やがてフォーク・スプーン・箸など食事器具を使って食べだし，これらが混在する状態を経ながら私たちの食文化に基づく食べ方に習熟していく。こぼしたり汚したりしても，自らやってみようとする意欲は自立への一歩であり，認め励ましていきたい。

　食事の場は，単に空腹を満たし栄養を摂取するだけではない。それぞれの国には，異なる食文化がある。食事の前後のあいさつや食事器具の使い方などマナーもその一つであり，保育者は文化の伝え手でもある。

　仲間関係ができてくると話に夢中で食べることに気持ちが向かなかったり，食べ物をフォークや箸で刺して手のひらでこすって回すことを楽しむ子がいると，みんなが真似をするなど，大人が顔をしかめるような行儀のよくない遊びを面白がる。食事の場が社交の場としての意味を持ち始めるこの時期，喜んで食卓を囲み，関係ができてきた仲間と一緒に食べる楽しさを大事にしながら，マナーをいつ頃からどのように伝えていくか自覚的に考える必要がある。

　0歳児でも，食べた後，保育者が「ハイ，ごちそうさま」とちょっと頭を傾げると目を合わせて同じ動作をする。子どもとの関係がついていれば，その保育者が伝えたい食事のマナーを遂行しているだけで，子どもはその姿をモデルに自然に学んでいくという意見もある。他方，きちんとしたあいさつの唱和を要求するところもある。固執しすぎると食べようとする意欲と楽しい雰囲気がなくなってしまう。子どもの様子を見ながら，関わりを検討し修正することも大切である。

　また，食事は嫌いなものがあると楽しくない。偏食・好き嫌いが激しい子どもには様々な味に慣れる工夫がかかわりの課題になる。食が細い子どもには，園生活の活動量の見直しや家庭との連携を密にして，食べる意欲を失わせるような強制にならないようにしたい。

（4）清　潔

事例5-4　1歳男児　夏

> ホールで遊んでいた二人に、担任がおやつの前の手洗いをするよう声をかけた。二人は洗面台（蛇口が5つ並んでいる）に行き、初めは水の流れを楽しんでいたが、3つ離れた蛇口で年長児が洗っていた絵筆の絵の具の緑色が流れてくると、触って楽しみだした。流れ終わると、目の前の透明な容器に入った緑色の液体洗剤を下から何度も押して出す。泡が立つのも面白くキャッキャッと笑いながら、4分の3ほどあった洗剤をほとんど使ってしまった。様子を見に来た担任は、「はーい、もうキレキレになったねー」と水を止める。担任の顔のあたりに両手を差しだす2人に「んー、いいにおいがする！」と手を拭いてあげ連れていく。

　口をすすぐ・歯磨き、衣服の清潔、身の回りの片付けなど、清潔に関して身に付けていくべき生活習慣が様々ある中で、手洗いの習慣づけは特に大切である。食事の項でみたように手づかみで食べる時期であり、そうした意欲を認め、十分体験させてあげるためにも、手洗いは大切である。手洗いは、食事やおやつ（2回）だけでなく、排泄時や砂遊びなど、1日の中で最も頻繁に繰り返される清潔に関する行為である。直接口に入れるものとのかかわりが深い部位の清潔が手洗いである。

　0〜2歳という年齢は、まだ、生活の中での必要感に気づいて、明確な目的意識をもってするわけではないので、事例5-4のように何かの拍子に楽しい遊びになってしまうこともある。だが、迎えに来た保育者にきれいになった両手を差し出すところを見ると、目的意識は持続しなかっただけで全くなかったわけではないだろう。生活の行為が時に遊びの要素を混在させながら、それでも何かさっぱりした感じがしたり、保育者に認められたりすることを繰り返す中で、無理なく習慣化していくことが大切で、保育者の子どもへの共感と工夫が必要である。

3. 行きつもどりつする形成の過程

　身辺の自立や生活習慣の形成は，できるようになったからといって，いつもできるとは限らない。子どもの心身の調子，状況やかかわる人によって様々になることを，以下の衣服の着脱の事例で考えてみたい。なおこれは，授業の空き時間に，保育所の2歳児クラスで週2回継続的にボランティアをしている学生のレポートである。

事例5-5　サトシ君への対応について　10月

　〈登園→遊び→おやつ→排泄→散歩→排泄→昼食→排泄・着替え→午睡〉という流れを手伝った日の，散歩～午睡の時のことである。
［場面Ⅰ］
　散歩に行くためベランダに一列に腰かけ，自分で靴を履く園児たち。履けない子を補助しながら，全員が履けたことを確認。担任が，行く場所と約束ごとを告げる。園児たちは立ち上がり，2人1組のペアになるために手をつなぐ。その時，「できないよ～」という声が聞こえた。振り向くと，サトシが両手に靴を持ったまま座っていた。
　私は，A）さっき履くことができていた気がしたが，勘違いだったかなと思い，サトシのそばに行った。「サトシ君，どうしたの？」と声をかけると靴をぶらぶらさせて「できない～」と言う。彼がいつも自分で靴を履いていることを思い出し，「サトシ君いつも上手に靴履いているよね。今日も上手に履くところを見せて」と促した。しかし，サトシは「やだ～。できないよ～」と叫ぶ。「サトシ君ならできるよ。B）がんばれー，がんばれー」となおも促すと，涙を流しながら「できない～」と靴を私の前に差し出す。私は，サトシの隣に座り，「サトシ君が履くところ，ここで見てるからね。サトシ君ならできるよ。がんばれ」と言う。
　そのころには，ほとんどの子どもがペアになり手をつないでいた。それに気付いたサトシは「できない～」と泣き叫びながら靴を履きはじめ，1人で履き終え，泣いたままみんなの所に駆けていった。
［場面Ⅱ］
　昼食を食べ終わった子から排泄し，パジャマに着替える。全員が食べ終わり，8割程が着替え終わったころ，担任が絵本の読み聞かせ・紙芝居・エプロンシアター（日によって変わる）などをして寝る前の態勢を作る。着替えていない

子は，それを見ようと急いで着替える。
　その日，サトシは，着替えないままみんなの所に集まっていた。それに気付いた担任が「先生，着替えお願いします」と私にサトシのことを頼んだ。私が「サトシ君，早く着替えて続き見ようよ」と言うと，片方の腕だけ脱ぎはじめた。しかし片方だけ脱ぎ終わった後，急に「できない～」と言って脱ぐのをやめてしまった。「片方脱げてるじゃん。こっちも同じようにやればいいんだよ。できるできる」と続きを促したが，サトシはせっかく脱いだ方の腕を元に戻してしまった。そして「できない～」と泣きついてきた。
　甘えたいのかなと思い，1回サトシをぎゅっと抱きしめ「大丈夫，できるよ。がんばれ」と促した。しかし，サトシは「できない～」と泣きながら床に突っ伏す。
　私が困っていると，担任が，「先生，もう時間でしょ。酷だと思うけどそのままほっといて。C）サトシ君にはいつものことだから」と言った。私は気になったが，授業の時間が迫っていたのでお任せした。

〈私の悩み〉
・D）サトシにはなるべく自分の力でやって欲しいが，子どもたちにE）園の先生と違う"甘えられる存在"だと思われる。サトシが，F）やる気を起こすような言葉がけ・状況づくりはないか。

〈サトシに対する先生たちの対応〉
・春，ボランティアを始めた当初，午睡前にサトシが着替えないで駄々をこねていた時の先生の対応は叱り，放置し，また叱るといった厳しいものだった。不思議に思った私は「けっこう厳しく対応するのですね」と聞いてみた。すると，G）「サトシ君は自分でできる力を持ってるのよ。でも面倒なのか自分でできることを人にやってもらおうとするの。その時の状況にもよるけど今日のは完全な甘えだったから厳しく対応したのよ」と答えてくれた。
・駄々をこねるサトシが，H）やる気になる（あきらめる）まで辛抱強く待っている。時間がない時は強行手段（例：靴の時）でやる状況をつくる。

　このレポートを読み，A）～H）について以下の視点から考えを深めてみたい。
〈深めてみよう〉
A）勘違いではなく，一度履いたものを脱いだのかもしれない。そうだとすればどんな理由が考えられるだろうか。たとえば，散歩に行きたくない。担任が行き先を告げ

たのは園児たちが靴を履いた後だったらその可能性もある。サトシなりに遠いとか，そこはいやだという思いがあるかもしれない。2歳だから場所が分からなくて行きたくないことも考えられる。しかし，2歳なりに分かるということもあるかもしれない。
B）私たちはどんな時に「がんばれ」という言葉を使うだろうか。
C）自分で履けるのに履かない，着られるのに着ない。表面的には同じことを繰り返しているようでも，その理由はサトシにとって実は様々かもしれない。それを汲み取ろうとせず，いつものことに見えてしまうのは，毎日かかわっている保育者の陥りやすい点かもしれない。
D）E）甘えられる存在であることが悩みなのではなく，自分が捉えている園や保育者の価値観と，自分のサトシの捉えとの間で，どう動けばいいのか，ボランティアという立場だけに揺れることが悩みなのではないか。子どもは相手を見て自分の要求を出してくる。甘えられる存在でいても，サトシはほかの保育者にはこういう要求をしない気がする。
F）なぜ大人はやる気を求めるのか。なぜサトシはできるのにやらないか考えてみると，かかわりの方向性が見えてくるのではないか。
G）自分でできるとわかっているなら，後はやってあげてもいいのではないか。そうならないのはどうしてだろう。
H）あきらめて仕方なく自分ですることと，やってみようと思って自分ですること，それぞれに育つものを考えてみよう。

4．3歳以上児の生活習慣の形成と環境

（1）様々な場面における生活習慣の形成

事例5-6　3歳児　慣らし保育の振り返り記録より抜粋

4／1　大人の中で育ったK君はほかの子どもたちに慣れるのに時間がかかりそうなので，まずは保育士との関係がついてから，ほかの子との距離を縮めていこうと思う。
4／13　給食では座るのが嫌で私の後ろに立って，みんなから隠れるようにして食べる。食べたいものを指さすので，それを口まで運ぶと全部食べてしまう。
4／17　給食は今日も立ったまま食べる。「立ったままじゃ行儀悪いんだなー」「座ってくれた方がお口まで運んであげやすいんだけど」と言うと，座るのは

嫌だったらしく自分で食べていた。こちらの要求も伝えてみたが，自分で食べただけでも良しと思わなければ，と思う。
4／18　トイレに行かないので一緒に幼児のトイレや事務室の職員用のトイレを下見したが，「ぼく出ない」としようとしなかった。午睡が始まったころ，あわてたように「おしっこ，あっちのトイレ（事務室）に行く」言う。ギリギリまで我慢したせいか，おしっこが漏れ，上の服もズボンもパンツも濡れてしまった。脱がせようとすると激しく拒否した。いくら言ってもダメで，そのままでは居てほしくなかったので強引に脱がせた。裸を見せるのは嫌だったようで，両手で顔を隠してトイレから出たがらなかった。Ｎ先生が着替えを持って来て後始末もしてくださった。
4／24　おしっこをしたくなると「ビニールにしていい？」聞いてきたので，「ビニールは失敗しそうでやだよぉ」と言うと，「紙コップは？」と聞く。トイレでさせたいが，先日漏らしてしまったからか「ここのトイレじゃいや」と言う。Ｋ君にとって排泄はとてもデリケートなことなので，要望通り誰もいない資料室で紙コップにすると「黄色いねえ，レモン色だ」と言っていた。
4／27　今日は初めてＲ先生（もう一人の担任）のところに行き，私のところには来なかった。給食は，Ｒ先生の隣で，<u>立膝で食べることができた</u>。靴の脱ぎ履きは私がやってあげないとべそをかいたのに，今日は自分でする。他の先生だといろいろ自分やるのだなと思った。<u>私のかかわりはＫ君の要望を聞きすぎていたかな</u>。
5／9　ホールで全園児で体操やゲームを楽しむ。他のクラスの子もいるざわざわした雰囲気が苦手なのか泣き始めた。大きい子がトンネルになってそこをみんなでくぐったが，Ｋ君は嫌な様子。でも保育士と手をつなぎトンネルになるのは良いようだ。
　給食はＲ先生の隣で，<u>初めて椅子に座って食べる</u>。午睡の時もいつも立っていたが，今日は途中から座っていた。無理に布団に誘うとまた不安になりそうなので焦らず進めていこう。
5／23　今週になり，少しずつ友達と関わろうとする姿が見られる。友達にＫ君の方から話しかけていた。Ｈ君がお便り帳をしまい忘れていると「僕がわたしてくるよ～」と言って渡している。食事面では，保育士が隣でなくても食べられるようになった。午睡も，自分の布団の上に寝転ぶことができた。とても敏感でしっかり寝つくまでそばにいないと泣いてしまうが，日に日に慣れていく姿がうれしい。
5／24　食後「おなかが痛い」と泣いて訴えてきた。要望で事務室のトイレに行く。誰も来ないかずっと気にしていたが，鍵をちゃんと掛けたことを伝えると力み始める。硬めの便が出た。母親にトイレで排便できたことを伝えると

びっくりしていた。排便は家でしかしたことがなく，お出かけの時など我慢してしまうそうだ。
※6月はすっかり園生活に慣れて，みんなと同じように1日を過ごせる。しっかりしていて，自分のことは自分でやるようになり手がかからなくなった。

　生活習慣の形成は，遊びの充実や仲間との関わり，保育者との信頼関係，園という場・環境になじんでくること，他の場面の生活習慣の獲得と絡み合ってなされる。K君が食事や午睡時になぜ立ち姿勢なのか，〈立つ→立膝→座る・寝転ぶ〉の変化はなぜ生じたのか考えてみよう。担任は「私のかかわりはK君の要望を聞きすぎていたかな（4／27）」とあるがどうだろうか。K君は二人の担任をどうとらえているのだろう。

事例5-7　　3歳児　5月　子どもの要求と保育者の価値観～短時間パート保育士のコメント

　T君が「やって」とポロシャツのボタンを留めて欲しいと求めて来る。ポロシャツの一番上のボタンは本人には穴も見えず留めにくい。このクラスに補助に入る主任のかかわりは，「やってごらん」と自立に向けていくが，私としては，まだ春だしいいかなと思い，立場上全部は留めてあげられなくて，あとはできるかなとまかせるようにしている。T君は，やってもらっている間，（主任が入ってくるのではないかと）クラスの入り口をチラチラ見ている。こんなに小さいのに，私たちに気を使ってやってもらっても楽じゃないよね。そういう私たちの保育もなんだか……。

　谷田貝は次のように書いている。「着脱衣の習慣は脱ぐことから始まり，次第に着る事へと進む。近年の子どもの服は，非常に簡単に着脱できるものが多くなっており，自立が早まってきている反面，ボタンやスナップ，ひもを結ぶといった，手指の巧緻性を訓練するような機会が大変少なくなってきている。目と手の協応性は，子どもの神経支配の大切な要素でもあることを考えると，彼らの衣服は再考の余地がある」[2]。
　生活習慣の形成に関して厳しい保育者とゆるい保育者を子どもが嗅ぎ分けて自分の要求を出すのは，保育者の価値観の違いを察知しているからだ。

価値観を同じにすることは難しくても，違った価値観による関わりは子どもにとって適切なのかという点から，見直す努力は続けたいものである。

事例5-8　5歳児

　この園では，三歳以上児になると主食は家庭から持参し，副菜と汁物を園の給食室から提供する。子どもたちは，定量ずつ盛り分けられた副菜の皿を自分で席に運び，汁物をよそう。テーブルに着くとみんなを待つ間にいろんな話をしているが，「ご飯が左，お汁はこっち」などと言って直してあげる子もいる。

　ここに至る過程では，小さい頃から意図して一品は自分でよそわせてきた。こぼす，好きなものを大盛りにしすぎて足りなくなり，少しずつ回収するなど，手間もかかった。今は，（クラスの仲間のことも考えて）自分の食べられる量を決め，食事のマナーも守ろうとする。それを見て園長が「学校の先生は，保育園の子ども知らないよね。配膳も盛り付けも，掃除も，ジグザグしてもこうして自分でできるように育てて学校に渡すのに，小学校で一番下の学年だからと，6年生がみんなやってしまう」。

事例5-9　5歳児　11月

　久しぶりに観察に訪れた私が「お昼寝のとき……」と言いかけると，子どもたちは口々に「えっお昼寝？　もうないよ」「もう寝なくていいもーん」「大きい子は寝ませーん！」と顔の前で手を左右に振って，ないことを示す。

　年長児になり体力がついてくると午睡はしない園，プールに入る時期には暑さも厳しく体を休めるために午睡はするが，秋，運動会が終わり，午睡をしなくなる園も多い。小学校に午睡はないので就学へ向けての移行という認識のところもある。嫌がっていたわけではない子も，午睡がなくなったことに成長した喜びが溢れる。

> **事例5-10** 形の認識　5歳児クラス　2月
>
> 　5歳児クラスには，約40センチ四方の木箱の中に，さまざまな形の積み木がたくさん入っている積み木セットがある。全ての積み木が箱に納まるようになっているが，入れ方によっては納まらない。
> 　5歳児の1日入学の日，次年度へ向けて4歳児が5歳児クラスで終日過ごした際，5歳児の部屋にしかないその積み木セットで楽しく遊んだ。しかし，片付けるとき，どうしてもうまく入らなかった。翌日の片付けの時，心配した4歳児A男が「積み木入った？」と聞きに来て，5歳児たちは「入ったよ〜」と当然のように答えた。クラスに戻ったA男は「やっぱりさくら（5歳児クラスの名称）さんじゃなきゃだめだった〜」と言ったとのこと。

　何気ない日々の片付けの中にも，形の認識や質量の把握ができていないとできないしまい方がある。4歳児と5歳児の発達の違いも明らかだ。何気ないことがさらりとできることに尊敬の念も生まれる。こうした日常の積み重ねのなか，自然に数量や図形にかかわる力が培われている。

（2）忘れてはならないこと

　保育所保育指針，幼保連携型認定こども園教育保育要領の3歳以上児の保育に関するねらいおよび内容，基本的事項には，「ア　この時期においては，運動機能の発達により，基本的な動作が一通りできるようになるとともに，基本的な生活習慣もほぼ自立できるようになる（後略）」とある[6]。自立のひとつの目安が3歳にあることがわかる。生活を共にする大人・保育者の励ましに支えられてできるようになった喜びを実感しながら，活動も広がる，それがまた自信になるのが3歳以上児である。だが，できないのにできる！　と自分でやりたがる2，3歳児の姿も多い一方，事例5-6，5-7のような姿もある各保育者には，この年齢ならこれくらいのことはできるはず，といった発達観と，それを元にしたしつけ観・生活観がある。各保育者の生活習慣形成に関する価値観は，子ども（の生活環境）や状況，身に付けさせたい事柄，人手のあるなしによっても異なる。3歳未満児には，個の生理・生活リズムを優先できやすいのに，自立の目

安となる3歳頃から個の生理と生活より集団が優先されやすくなる傾向がある。「保育においては基本的生活習慣の自立をめざすあまり，子どもへの抑圧や強制が多くなりがちであるが，文化的影響の部分は，生活活動のむしろ仕上げの部分であると認識し，子どもの発達を長いスパンで考えることが大事である」[1]とする前原の指摘は，様々なことが自立してくる時に，特に留意しておきたい。

まとめの課題

1. 事例5-5（p.67）の〈深めてみよう〉について考えよう。
2. 「食育の推進」（保育所保育指針解説第3章2，幼保連携型認定こども園教育・保育要領解説第3章第3節）を読んでまとめよう。
3. 紙オムツについて調べてみよう（いつ頃から・紙と布をめぐる論争・普及の程度・自分はどちらで育ったのか・保護者の考えなど）。
4. 事例5-6〈立つ→立膝→座る・寝転ぶ〉への変化を考えてみよう。

引用・参考文献

1) 森上史朗・柏女霊峰：保育用語辞典（第7版），ミネルヴァ書房，2014，p.72
2) 谷田貝公昭：保育用語辞典（第2版），一藝社，2007，p.86
3) 前掲2）　p.301
4) 井上昌次郎：子どもの睡眠 早寝早起きホントに必要？，草戸文化，1999，pp.99-100
5) 平井信義・浅見千鶴子：改定児童発達学，光生館，1975，p.58
6) 厚生労働省：保育所保育指針，2017
7) 愛知県小規模保育所連合会保育内容部会：父母とともに子どもの生活を考える 24時間生活実態調査にとりくんで，ちいさいなかま，396，草土文化，2000，pp.26-28

第6章 乳幼児期の遊びと運動

📖 予習課題

・幼少期の運動体験を思い出してみよう。
　楽しかったこと，つまらなかったこと，がんばったこと，つらかったことはなんだろう？
　また，その理由についても考えてみよう。

1．豊かな遊びと動きの体験

（1）遊びとしての運動経験とは

写真6-1　なわとびをする子ども

　幼稚園教育要領等には，子どもの自発的活動としての遊びを通して指導を行うことの必要性が述べられている。幼児期の教育が遊びを通して行われるものであることを考慮すれば，保育者の運動指導（援助）も遊びを通して行うことが必要となる。では，遊びとしての運動指導の条件とはどのようなものなのだろうか。

　写真6-1は，子どもがなわとびをしている姿である。この子どもが行っていることは「遊び」といえるだろうか。日頃，子どもは実に様々な身体活動を経験しているが，それ

らが遊びであるか否かを保育者はどのような基準で判断できるのだろうか。

その判断には，その活動を行っている子どもの動機づけに考慮する必要がある。杉原は，内発的に動機づけられた行動と遊びとの関係について次のように説明している[1]。

> 心理学でも古くから大きな関心が払われさまざまな理論が提唱されてきたが，内発的動機づけ理論の登場とともに，遊びを内発的に動機づけられた行動であるとする考え方が遊びの現代理論として有力になってきた。内発的に動機づけられた行動が何らかの手段ではなく自己目的的な行動であること，さらには，自分の能力を向上させ，自分らしく生きることを追求する行動であるという理論は，遊びを人間存在の根本的な特徴と位置づける考え方と調和する。

つまり，子どもが行っている身体的な活動が「遊び」であるのか否かは，その活動が内発的な動機づけによるものかどうかを読み取ることが求められるということになる。

たとえば，「自分がイメージしているようになわを跳ぶことができる」，「いろいろ試しながら次の技に挑戦することが楽しい」といったように，活動することの目的がなわとびである場合は内発的に動機づけられた活動であり，その活動は「遊び」と判断する。一方，「なわとびカードに跳べた数を保育者にサインしてもらいたい」（写真6-2），「今はなわとびで遊ぶ時間だからなわとびをやってと言われたから」等の理由で行っていた場合，それは外発的に動機づけられた行動であり，「遊び」ではないと判断することになる。

また，子どもが行っている活動は，遊びか遊びでないかという非連続的な二分論ではなく，どの程度強く内発的に動機づけられているのかという連続体で捉えることも重要である。

写真6-2　なわとびカードにサインをもらい喜ぶ子ども

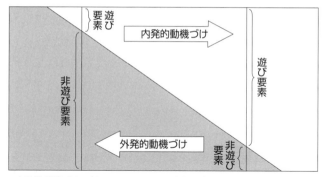

*内発的動機づけ：行っていることそれ自体の喜びや満足が報酬となり，行動に動機づけられること
外発的動機づけ：行っていること以外の外的な内容が報酬となり，行動に動機づけられること

図6-1　運動遊び場面における内発的動機づけと遊び要素の関係
（杉原隆：新版・運動指導の心理学，大修館書店，2008　p.146）

　図6-1は，動機づけの割合として内発的な動機の割合が多いほど遊びの要素が多くなり，外発的な動機の割合が多いほど，遊びの要素の少ない活動となることを示したものである。そして，この割合は状況によって変化する可能性のあるダイナミックなものであることから，保育者には子どもが身体を動かす活動を行う中で，その動機づけが外発的なものから内発的なものへと移行していくような働きかけの工夫が求められている。

(2) 遊びとしての運動経験と自己決定

　デシ[2]は，「人は，有能感や自己決定感を実感したい基本的欲求をもっている」ことを前提とし，内発的動機づけの本質は自己決定と有能さの認知であるという認知的評価理論を構築している。
　自分の行っている活動は人に指示されたものではなく，自分で決めて行っているという感覚を自己決定感という。たとえば，長なわとびを「郵便屋さん」のやり方で跳ぶか「大波小波」で跳ぶのかを自分たちで決めて行っている場合がそれにあたる。「郵便屋さん」の跳び方には，なわを跳ぶ合間にしゃがみ込みハガキを拾うまねをしなければならないなど，比較的

高度な動作が要求される。一方,「大波小波」では,最終局面でなわをタイミングよく脚の間に収めるという技術が求められてはいるものの,「郵便屋さん」よりは難易度が低いものとなっている。子どもは,自分の能力や自分の思い（挑戦,不安,満足感,面白味など）を複雑に交錯させながらどの跳び方で遊ぶのかを自ら選択している。

　クラス全体の活動として,保育者がなわとびを選択した場合,そのやり方についても,保育者が一方的に指示を出す場面（今日は大なわとびを郵便屋さんのやり方で跳ぶ,なわをまわす役目は先生と○○ちゃん,など）を目にすることがある。限られた時間の中で多くの子どもの身体活動量を確保するため効率を重視するという事情もあるだろう。しかし,効率的に身体活動量を確保することばかりに意識が向くあまり,子どもから「今やっている活動は自分が決めて行っているのだ」という自己決定感を奪い,場合によっては「先生が決めたことをやらされている」というネガティブな感覚を与えてしまう危険性が潜んでいることを覚えておきたい。

（3）自己決定的な経験の積み重ねと幼児期に育みたい「資質・能力」

　グローバル化やIT技術の急速な進展により,社会の構造は大きくまた急速に変化しており,予測が困難な時代となっている。これらの状況に柔軟に対応し,また,急激な少子高齢化が進む成熟社会の担い手として活躍できる豊かな人間性を備えた人材を育成することを目指して,2017（平成29）年には,幼稚園教育要領,保育所保育指針,幼保連携型認定こども園教育・保育要領および小・中学校の新学習指導要領が告示された。今回の改訂（改定）のポイントの一つとして,学校教育で育む力（資質・能力）として「知識・技能」「思考力・判断力・表現力等」「学びに向かう力・人間性等」の3つの柱を示し,幼児教育から小学校以上の教育を貫く軸を明確にしたことが挙げられる。

　たとえば,「思考力・判断力・表現力等」は,幼児教育では「思考力・判断力・表現力の基礎」として捉えられ,具体的には子どもが「工夫す

る」「試す」「考える」「表現する」といった経験が重要視されている[3]。3つの柱に示されるような力が経験の積み重ねにより育まれることを考えれば、運動場面においても「自分の行動は自分で決めている」という自己決定感に支えられ、様々な物事に積極的に関わっていく経験を積み重ねていくことを大切にしなければならない。「自分で考え」「自分で選択し」「友達の意見に耳を傾け」「自分で行動を調整する」といった経験を保育者が大切にすることにより、運動経験が子どもの運動発達を促すばかりでなく、3つの柱に示されているような社会的・心理的な発達に好ましい影響を与えていくことが期待できる。

(4) 子どものやり方と保育者の指示

たとえば、鉄棒の逆上がりへの挑戦をクラス全体の活動として取り上げる場合、保育者は鉄棒の持ち方について子どもにどのような言葉をかけるべきだろうか（親指をそれ以外の指とは反対にして鉄棒を包み込むように持たせるべきか、5本の指を揃えるように持たせるべきか。また、順手で握らせるべきか、逆手で握らせるべきか）。子どもが慣れていない運動課題に挑戦させる場合、保育者はそのやり方について、詳細な指示を子どもに与える傾向がある。しかし、これまで述べてきたように、まずは子どものやり方を尊重し、どのように行うかについては子どもに任せてみることが望ましい。

事例6-1　自分のやり方で鉄棒に挑戦

　5歳児になると鉄棒を使っていろいろな遊び（すずめさん、ぶたのまるやき、こうもりなど*）を楽しむことができるようになる。子どもはこれらの様々な遊びを通して「ぶら下がる力」や「逆さ感覚」を身に付けていく。保育者は子どもに遊び方を伝え、そのやり方は子どもに任せるのがよい。子どもにはそれぞれ自分のやりやすいやり方がある。うまくできなくて不安そうにしている子どもや助けを求める子どもがいる場合は、その子どもの状態に合わせてアドバイスを考えていくのがよい。鉄棒遊びに慣れていない子どもには、鉄棒上で手を放すと頭部から落下する危険性が高いため「足が地面につくまでは鉄棒から手を放さないようにすること」をていねいに伝える。それでも不安が残る場合は、ポイントをつかむまで保育者が見守る（落下してきた場合は受け止める姿

勢を子どもに示す）ことで子どもは安心して遊びに取り組むことができる。
* ・すずめさん：鉄棒上で身体を支えるポーズ。腕と腰をしっかり伸ばし，下腹部に力を入れることができると，身体がまっすぐなきれいなすずめさんのできあがり。
  ・ぶたのまるやき：両手で鉄棒を握り，両足を鉄棒にかける。両手と両足を使って鉄棒に横向きでぶら下がる。
    ・おさるのじゃんけん：「ぶたのまるやき」の状態から片手を放し，放した手でじゃんけんをして遊ぶ。1つの鉄棒に2人でぶたのまるやきの状態になる（頭を向かい合わせてぶら下がる）とじゃんけんができる。
  ・こうもり：両手で鉄棒を握り，腕の間から片脚ずつ入れて鉄棒に膝をかけ，逆さまにぶら下がる。

保育者が伝えた「正しい握り方」で鉄棒を握ればうまくできるようになるとは限らない。むしろ，幼児の場合は，保育者の言う通りに握り方を変えたため，今まではできていた遊びができなくなってしまったという場合も少なくない。ここで考え

写真6-3　保育者と鉄棒遊びに挑戦

ておきたいことは，「正しい運動のやり方」とは誰にとって正しいやり方なのかということである。鉄棒や跳び箱，マット運動の前転や後転，サッカーボールのけり方等，指導場面で伝えられる方法は，ある程度身体機能が発達した児童・生徒を対象として考え出されているため，幼児にとってそのやり方が最適であるとは限らないのである。また，「これが正しいやり方だから」と保育者から指示された方法で運動遊びに携わることは，子どもの自己決定感を阻害し，内発的動機づけの低下を招きやすいといった問題もある。

（5）子どもの自己決定を促す教師の言葉がけ

樟本ら[4]は，担任保育者と教育実習生の言葉がけを比較する中で，担

表6-1　運動場面での指示的リードと非指示持的リードの例

	指示的リードの例	非指示的リードの例
鬼ごっこの場面	もっと速く走らないとつかまえられないよ 鬼からできるだけ遠くにいなきゃだめだよ	鬼がスピードを変えると逃げる人は大変みたい 鬼から離れていれば追いかけるのも難しいね
ドッジボールの場面	相手の足をねらって投げるんだよ ボールがきたらキャッチするんだよ	相手の足を狙うと逃げるのが難しいと思うよ ボールをキャッチすれば，すぐに投げ返せるよ

任保育者は「〜だけど，どうしようか」というような間接的な言葉がけを多く用いるのに対して，教育実習生は「〜して」というような直接的な言葉をかける傾向がみられたことを報告している。そして，保育者が一方的に子どもを導けば，活動は遊びにならず手順を覚える作業になる危険性のあること，一方で，子どもの思うままに任せていれば，活動は方向性を失い放散してしまうだけであることを指摘し，保育者が「非指示的リード」を用いて適切な教示を行うことの重要性を指摘している（表6-1）。また，子どもの疑問にはじめから懇切丁寧に答えることや，完全な答えを与えすぎるのにも問題があり，むしろなるべくヒントを与えるなどして，まず子ども自身が考え，判断する機会を与えることの重要性も指摘している。

　活動が運動となると，その結果が目につきやすいため，保育者の「できるようにさせてあげたい」という気持ちが先行するあまり，いわゆる「指示的リード」を多用してしまうことはないだろうか。運動技能を身に付けさせることばかりに保育者の意識が向きはじめると，本来，運動遊びであるはずの活動が，効率的に上達するための活動になってしまうことに留意しなければならない。

（6）内発的動機づけと子どもの有能感

　保育者は，子どもの内発的動機づけに影響を及ぼす中核的な要因としての「有能感」に配慮しながら子どもの運動遊びに関わる必要がある。「で

きないからやりたくない」と主張する子どもの姿を目にすることがよくあるが，やはり子どもは「できる」という感覚を味わうことが好きであり，「できるからこそやりたい」のである。

　ところが一般的な運動のイメージとしては，練習を重ねて「できないことができるようになる」ことが大切であり，それこそが運動経験の醍醐味であると考えられている部分が少なくない。このような運動のイメージが保育者の運動遊びへの関わり方に影響し，「できないこと」をがんばって練習させるような指導につながりがちである。失敗的な経験だけを積み重ねた子どもには「無力感」が蓄積され，運動嫌いとなる場合も少なくない。子どもの運動遊びに関わる際の保育者の基本的態度として「できないことを練習させてできるようにする」のではなく，「できることをくり返し楽しむことを通してその質を高めていく」意識を大切にしたい。子どもが「できる」といった感覚を重ねていくことで内発的な動機づけが高められることを考えれば，特に外発的に動機づけられて参加している子どもにはその活動の中で有能感を多く経験できるような保育者の援助や働きかけが求められているということになる。

事例6-2　子どもの有能感を育む

　4歳になったばかりの段階では，自分で短なわを回しながら跳ぶことを楽しめる子どもはほとんどいない。このような状況でなわを使った運動遊びを楽しむためにはどのような方法が考えられるであろうか。たとえば，なわを丸くした状態で地面に置き，水たまりに見立てることも考えられるだろう。水たまりの中に入ったり，水たまりから出たりするイメージで跳ぶ動きを繰り返し経験しながら，なわを使って跳ぶという動きを楽しむことができる（写真6-4）。

　なわとびだから，なわを回しながら跳ばなければならないというのは，大人の先入観である。なわを使って子どもができる跳び方を楽しむことで，「なわとびを使った遊びは楽しい」「跳ぶことができる」という経験が積み重なり，なわとび遊びに対する内発的な動機づけが育まれてくるのである。幼児期にはできる経験を積み重ねる中で，そのできる水準を高めて

写真6-4 なわを水たまりに見立てて跳ぶ

いく運動遊びのスタイルが望ましい。運動遊びの経験値が低い幼児には特にこの点を留意しなければならない。そして，できる動きを楽しむことを繰り返すうちに技能水準が向上し，「もっと難しい跳び方に挑戦したい」という意欲が子どもの中に湧き上がってくることが大切である。

（7）応答的環境

　子どもの運動遊び場面における「応答的環境」の重要性が指摘されている[5]。応答的環境とは，子どもが行動したことに対して正当な評価が与えられることとされている。たとえば，子どもがクマさん歩きに挑戦し，なわに触れることなくうまく川を越えることを達成できた場合（写真6-5），「自分の思っているように体を動かすことができた」という結果が正当な評価としてフィードバックされ，有能感を高めることにつながるという考え方である。それでは，川をうまく越えることができなかった子どもに対する「応答的環境」とはどのようなものになるのだろうか。

　やろうとしたことが「できた」のか「できなかった」のかという評価だけでなく，子どもの取り組み方を含めて評価をしていくことが重要である。

写真6-5　くまさん歩きで川を越える

たとえば，「がんばっていた」「もう少しでできそうだった」などの子どもの想いに寄り添った評価は，子どもへの正当な評価としてフィードバックされ「できなかったからもうやりたくない」という気持ち（無力感）につながることを抑制する

ことを期待できる。また,「1回目よりは2回目の方が足が高く上がっていたね」といったように,「できない」中での進歩を子どもに伝えていくことも応答的評価となる。運動の質の向上を伝えていくことは,子どもの応答的環境を保証するという意味で運動指導における大切なポイントのひとつである。

2. クラス全体の活動としての運動遊びの意義

(1) 新しい遊びを紹介する活動,自由遊びに出にくい活動

　3歳児では,動物(カエル,ウサギ,クマ,ラッコ,ヘビなど)になりきって様々な動きを楽しむことができる。ルールのあるやや複雑な運動遊びはまだ苦手であるため,各自のペースでそれぞれに行うことができる活動が3歳児には適している。各自のペースでそれぞれに行っている遊びも,友達の動き方を見たり,上手にできたことをクラスの仲間と喜ぶことにより(写真6-6),運動遊びへの興味や関心を高めることにつながっていく。

　また,年齢が小さな子どもはCDプレイヤー等の機器を自身で操作することが難しいため,音楽に合わせて身体を動かすリズム遊びやフォークダンスなどの活動は,クラス全体の活動として積極的に取り入れていきたい内容である。

　コマ,竹馬,凧あげ,お手玉などの伝承遊びも家庭で経験することが難しくなってきている。保護者でも経験したことがないという者も多くなってきている。このような遊びは特別な遊具が必要なことに加え,その扱い方に慣れることが求められるため,クラス全体の活動として取り上げることが望ましい。

写真6-6　みんなでいっしょに喜ぶ

(2) 自由遊びでさらに発展させたい活動

たとえば「ドッジボール」や「○○鬼」などのように組織的な遊びやルールが複雑な遊びもクラス全体の活動として積極的に取り入れていきたい。子どもだけで遊びを始めから構成していくことが難しいため，クラス全体の活動の中で遊び方を理解し，経験を積み重ねることが必要である。遊びの楽しさ（ドッジボールであれば，どのように工夫すれば当てられる等）を理解できるようになるためには経験を重ねることが必要なこともあり，クラス全体の活動として何度か取り上げていくことが望ましい。経験を積み重ね，遊びに内包される楽しさを理解できた子どもが中心となり自由遊びの中での広がりが期待できるようになる。

(3) 遊具の出し入れや使い方を知らせる活動

遊具に関することは，新学期の始めに取り入れていきたい活動の一つである。新入園児は，園にある遊具の収納場所，出し入れの仕方，使用方法，安全面への留意点についてクラス全体の活動を通して知らせていくことが望ましい。どのような遊具が園にあり，どのような遊び方ができるのかについて子どもが知ることで，運動遊びへの興味や関心が高まり，主体的な活動が促される場合も少なくない。

0歳児や1歳児クラスの子どもは，個別に園庭で遊ぶことはまだ難しいため，クラス全体の活動として園庭の様々な遊具に触れ合う機会は重要である。

保育者が子どもの興味・関心や遊びへの思い等を汲み取り，環境を工夫することにより，子どもが遊びの中で経験する動きも多様になる。砂場での遊びに台車が遊具として加わったことにより，砂場での比較的静的な遊びが「歩く」や「運ぶ」などの動きを含むダイナミックな遊びへと変化している。子どもの興味や関心の高かった砂場での遊びに，保育者が台車を用具に加えたことで，作った物を運ぶという動きを楽しむことにつながっている（写真6-7）。また，近くで見守っていた保育者によれば，砂場か

ら外へ台車を運び出すときには「持ち上げて運ぶ」という動きを子どもなりに挑戦する姿がみられたということである。このように，生活の中でのささやかな工夫により，子どもの運動経験が広がることを覚えておきたい。

写真6-7　砂場で作ったものを台車に乗せて運ぶ

また，遊びを通して遊具の使い方を子どもなりに理解し慣れていくことが，けがの予防につながることも忘れないでおきたい。

（4）動きの経験の偏りを補う

3章で述べたように，幼児期には運動レパートリーを多様に経験することが求められている。担当するクラスの子どもの運動レパートリーが偏っていないかを確認する手立てのひとつとして，運動パターンの観察表がある（表6-1）。観察表には，幼児期に経験することが望ましい主な動きが網羅されている。そして，それぞれの動きをクラスのどの程度の割合の子どもがどの程度の頻度で行っていたかについて評価する内容となっている。たとえば，夏休みに入る前に子どもの様子を思い出しながら観察表を活用してみることにより，日頃の保育では気付かなかった子どもの動きの偏りを発見できることもあるだろう。クラスで経験できていない動きの傾向が見つかれば，夏休み後におけるクラス全体の活動につなげていくことができるだろう。

特に運動が苦手で気になる子どもだけを対象として，動きが観察された頻度のみをチェックするといった活用の仕方も考えられる。子どもの経験の偏りについて，時間をあまりかけることなく簡便にチェックすることができるように工夫されている。

表6-1　運動パターン観察表

担当学年（○をつけてください）：3歳児・4歳児・5歳児　　　クラス名＿＿＿＿＿＿＿＿＿＿

あなたのクラスの子どもは最近，どのような動きをしていますか。（最近：1か月 or 1学期）

以下の動きについて「行っている子どもの割合」と「その頻度」の2点から当てはまる欄に○印をしてください。

クラスで行っている子どもの割合					運動パターン	クラスで観察された頻度				
どの子にもまったく見られない	一部の子に見られた	半数くらいの子に見られた	多くの子に見られた	ほとんどすべての子に見られた		ほとんど見られない	半数以下の日に見られた	ほぼ半数の日に見られた	半数以上の日に見られた	ほとんど毎日見られた
1	2	3	4	5	1　寝ころぶ―起き（立ち）上がる	1	2	3	4	5
1	2	3	4	5	2　逆さまになる，逆立ちする	1	2	3	4	5
1	2	3	4	5	3　バランスをとる	1	2	3	4	5
1	2	3	4	5	4　ぶらさがる	1	2	3	4	5
1	2	3	4	5	5　走る，追いかける―逃げる	1	2	3	4	5
1	2	3	4	5	6　跳ぶ，跳びこす，跳びつく，跳びはねる，スキップする	1	2	3	4	5
1	2	3	4	5	7　ころがる，でんぐり返しをする	1	2	3	4	5
1	2	3	4	5	8　這う	1	2	3	4	5
1	2	3	4	5	9　浮く，泳ぐ，もぐる	1	2	3	4	5
1	2	3	4	5	10　乗る，こぐ	1	2	3	4	5
1	2	3	4	5	11　登る，降りる	1	2	3	4	5
1	2	3	4	5	12　すべる	1	2	3	4	5
1	2	3	4	5	13　身をかわす	1	2	3	4	5
1	2	3	4	5	14　まわる，回転する	1	2	3	4	5
1	2	3	4	5	15　くぐる，入り込む	1	2	3	4	5
1	2	3	4	5	16　持つ，つかむ，にぎる	1	2	3	4	5
1	2	3	4	5	17　かつぐ，持ち上げる―下ろす	1	2	3	4	5
1	2	3	4	5	18　積む，のせる，置く	1	2	3	4	5
1	2	3	4	5	19　運ぶ	1	2	3	4	5
1	2	3	4	5	20　投げる，当てる，落とす	1	2	3	4	5
1	2	3	4	5	21　捕る（キャッチする），受ける	1	2	3	4	5
1	2	3	4	5	22　打つ，たたく，つつく	1	2	3	4	5
1	2	3	4	5	23　（ボールなどを）つく，はずませる	1	2	3	4	5
1	2	3	4	5	24　ころがす	1	2	3	4	5
1	2	3	4	5	25　蹴る	1	2	3	4	5
1	2	3	4	5	26　踏みつける	1	2	3	4	5
1	2	3	4	5	27　組む，抱く	1	2	3	4	5
1	2	3	4	5	28　負う，おぶさる	1	2	3	4	5
1	2	3	4	5	29　押す，押さえる	1	2	3	4	5
1	2	3	4	5	30　ささえる	1	2	3	4	5
1	2	3	4	5	31　振る，振りまわす，まわす	1	2	3	4	5
1	2	3	4	5	32　引く，引っ張る，引きずる	1	2	3	4	5
1	2	3	4	5	33　縛る，巻く	1	2	3	4	5
1	2	3	4	5	34　たおす，押したおす	1	2	3	4	5
1	2	3	4	5	35　掘る	1	2	3	4	5

（杉原隆・河邉貴子：幼児期における運動発達と運動遊びの指導，ミネルヴァ書房，2014）

（5）それぞれの季節に経験させたい活動

　それぞれの季節に経験させたい活動とは，夏は水遊び（プール）で，冬であれば雪遊びなどが代表的なものである。秋には落ち葉遊び，春にはタケノコ掘りなどを楽しむことができるだろう。これらの遊びは，その季節でしか楽しむことが難しい特殊な経験である。関東地方で雪が降り積もるのは1年間に数える程度しかない。雪が降ったその時にクラス全体の活動として取り上げなければ雪の感触を楽しみながら遊ぶ貴重な経験の機会を逃してしまうことにもなりかねない。近年では，子どもが自然と親しむ機会に恵まれていないことが心配されている。自然を感じながら遊ぶことができる季節の遊びは，子どもにとって貴重な経験であることを踏まえ，クラス全体の活動として積極的に取り入れていきたい内容のひとつである。

3．日常生活での動きの経験

（1）乳児期の生活と動き

　2017（平成29）年の改定（訂）の保育所保育指針等では，新たに「乳児保育に関わるねらい及び内容」が示された。

　ねらいの一つに「伸び伸びと体を動かし，はう，歩くなどの運動をしようとする」が，また内容には「一人一人の発育に応じて，はう，立つ，歩くなど十分に体を動かす」がある。これは，乳児期の運動課題の一つに移動運動の技能の獲得がある（3章参照）ことを踏まえたものであり，保育者には乳児が伸び伸びと心地

写真6-8　0歳児クラスの環境

よく移動運動の技能を経験できるような環境の設定や援助が求められている。写真6-8は、生活の中で子どもが様々な場所をはったり、つかまり立ちに挑戦できるように工夫された0歳児クラスの様子である。乳児の能力に応じてアクセスしやすい遊具の配置や保育者の適切な働きかけ（援助）が子どもの刺激となり、動きが引き出されてくる。

乳児期には保育者と一緒に運動を行うことによる愛着関係の形成（人との関わり）や移動に伴う多様な遊具との触れ合い（物との関わり）も重要なポイントである。人や物との関わりが豊かであれば運動意欲も高まることが期待できる。また、運動意欲が高まれば様々な環境にアクセスすることにつながり物や人との関わりが豊かになる。このように、相互に強く影響を及ぼし合いながら発達が促されていくのが乳児期の特徴である。

（2）生活の中での動きを楽しむ

写真6-9は、登園した子どもが下駄箱から自分のクラスへ移動する間に"ケンパ"に挑戦している様子である。保育者が子どもの生活環境の中に様々な仕掛け（この場合は、ビニールテープでケンパの印を廊下につけたこと）を施すことにより、日常生活の中で子どもが多様な動きを楽しむことができるようになる。たとえば、「帰りの挨拶終了後、クラスから出る前に保育者と必ずジャンプタッチをする」、「好きなときにボール投げを楽しめるように、ジャングルジムの中程に的をつけておく」など、子どもから引き出したい動きや子どもの運動能力、園の環境に応じて様々な工夫が考えられるだろう。クラス全体の活動としてのダイナミックな運動経験ばかりではなく、日常生活での小さな運動経験の積み重ねも大切にしていきたい。

写真6-9　廊下でケンパに挑戦する子ども

（3）準備や片付けでの動きの経験

多様な動きの経験は運動遊びを通して獲得されるばかりでなく，日常生活における様々な活動を通して身に付くものでもある。たとえば，活動後の遊具を片付けることは，保育者にとってはそれほど難しいことではないが，子どもには比較的むずか

写真6-10　遊んだ後に巧技台を運ぶ

しい運動技能（「お互いの歩調を合わせて運ぶ」，「つかみながらしゃがむ」，「大きさや方向を合わせて重ねる」など）を含む場合も少なくない（写真6-10）。これらの活動を日常生活の中でくり返すことは，子どもの運動技能の獲得に効果的である。

幼児期運動指針においても，「幼児にとって体を動かすことは遊びが中心となるが，散歩や手伝いなど生活の中での様々な動きを含めてとらえておくことが大切である」ことが指摘されている[6]。

（4）散歩の活用

社会の利便性や移動効率を高める手段として，自家用車，自転車（最近は電動自転車も多い），エスカレーター等が生活の中に浸透している。最近では，立ち乗り電動二輪車を公道で走らせるための実証実験が始まるなど，歩く機会がますます減少していきそうな気配である。一方で，中高年を中心にウオーキングが流行し，運動としての歩行を意識的に取り入れようとすることも広がっている。

子どもの生活に目を向けると，大人の生活と同様に，通園や降園後の生活で「歩く」機会が少なくなってきていることが懸念されている。子どもの場合，歩くという行為は移動や運動の手段というよりは，道中の自然との出会い（写真6-11），社会生活体験（挨拶を交わす，落とし物を拾って交番

へ届けるなど），交通ルールの確認等，豊かな生活体験を含んでいるということにむしろ重要な意味があると考えるべきであろう。日常生活での歩行経験を補う意味において，園で行う散歩は今後も引き続き重要な活動として位置づいていくものと思われる。

写真6-11　散歩の途中でめずらしい虫を発見

まとめの課題

1．遊びとしての運動指導と動機づけの関係について整理してみよう。
2．子どもの内発的動機づけを高めるための運動指導の工夫について話し合ってみよう。

引用文献

1）杉原隆：運動指導の心理学，大修館書店，2003，p.146
2）E. L. デシ（著）・安藤延男他（翻訳）：内発的動機づけ─実験社会心理学的アプローチ─，誠信書房，1980
3）無藤隆：10の姿プラス5・実践解説書，ひかりのくに，2018
4）樟本千里・山崎晃：子どもに対する言語的応答を観点とした保育者の専門性─担任保育者と教育実習生の比較を通して─，保育学研究40（2），2002，pp.90-96
5）岩﨑洋子：保育と幼児期の運動遊び，萌文書林，2018，p.60
6）文部科学省：幼児期運動指針，2012

写真提供

社会福祉法人地球の子ども会　ちゃいるどはうす保育園
学校法人常磐大学　認定こども園常磐大学幼稚園
中央区立日本橋幼稚園
文京区立お茶の水女子大学こども園

第7章 乳幼児の生活と食

📖 予習課題

・1歳児および5歳児が，どのような食事をとっているのか，想像してみよう。

1. 生活リズムと食

(1) 乳幼児期の食育

　「食」とは生きるために必要な栄養を摂取したり，空腹を満たすためだけのものではなく，食をめぐる様々な習慣や文化に出会ったり，食を通じて人と人とのつながりを感じ取ったりする豊かな営みである。適切な食習慣が身に付くということは，単に身体的に健康な状態が保たれることだけでなく，情緒の安定や円滑な人間関係の形成につながるものであり，心身ともに意欲的に生きることの基盤となる。

　ところが近年，社会環境や生活環境の変化によって，子どもの食をめぐる環境も大きく変化している。家庭から夕食の団欒風景が消え，「個食」「孤食」といわれる食の孤立化や貧困化が進んでいる。このような問題を背景に，国民が生涯にわたって健全な心身を培い，豊かな人間性を育むための食育を推進することを目的として，2005（平成17）年に食育基本法が制定された。この法律において学校，幼稚園，保育所等は，魅力ある食育の推進に関する活動を効果的に促進するように期待されている。

乳幼児期は生涯にわたる人間形成の基礎を培う重要な時期であり，この時期に適切な食習慣を獲得することは心豊かな生活を送る上で極めて重要である。食への意識を家庭や社会全体で高めていく上で，これまで以上に幼稚園や保育所等の保育施設の果たす役割は大きい。

食育とは「生きる上での基本であって，知育，徳育及び体育の基礎となるべきもの」（食育基本法前文）であり，子どもの健全な食生活の実現および健全な心身の成長が図られるように食育に関する指導体制を整え，地域の特色を生かした給食の実施，子どもの食に関する理解の推進などが求められている。保育者は保育時間内に豊かな食の実践を展開することはもとより，家庭の食に対する意識を高めるために，家庭や地域社会とどのように連携を深めていけばよいかを考えなければならない。

（2）食育の目標

私たちは基本的には一日3食の食事を通して心と体の健康を保つが，それだけでなく人との関わりを深めたり，食のスキルや，食をめぐる文化や習慣を身に付けていく。特に乳幼児期の子どもにとって大切なのは，望ましい生活リズムを形成する中で，食を楽しみにする意欲を育てることである。そのために食育の具体的な目標として以下の5項目が挙げられている[1]。

① お腹がすくリズムのもてる子どもに

子どもの生活は日中の活動，休息，睡眠で構成される。健康な生活リズムとは，日中に熱中して遊ぶことによって充実感を味わい，空腹感と食欲を感じ，それが満たされることによって満足感や安心感を得ること，その上で休息や十分な睡眠をとるというリズムである。そのリズムが安定的持続的に循環することによって定着していく。「お腹がすくリズム」というのは，生活全体が乳幼児期にふさわしいものになっているということの現れである。

② 食べたいもの，好きなものが増える子どもに

子どもは多くの食材や献立に初めて接しながら，味を覚え，味覚を発達

させ，食への意欲を高めていく。大人は健康のことを考えて好き嫌いなく食べる子どもに育てたいと思いがちだが，そのことを第一目的にして，無理に食べさせるという指導に陥ってはならない。まずは子どもが好きな食べ物を美味しく食べる経験を重ね，食事や食材に興味・関心を高めながら様々な食べ物を進んで食べようとする気持ちを育みたい。子どもは次第に自分の健康に関心をもち，必要な食品をとろうとするようになる。

③　一緒に食べたい人がいる子どもに

食とは単に栄養を摂取する行為ではなく，社会文化的な行為である。子どもの食生活の基本は家族とともに同じ場で一緒に食事をとることによって育まれ，次に幼稚園や保育所等，子どもにとっては社会的な場面で家族以外の他者と食を共にするようになる。一緒に遊んだ友達の隣で食事をしたがることが多いように，人間関係の親密さは食を共にすることによって深まるものである。園ではたとえば地域のお年寄りと食を共にすることや，栄養士や調理員など食事を作る人との関わりなど，家庭ではできない食をめぐる経験を深めていきたい。

④　食事作り，準備に関わる子どもに

子どもはそもそも大人の手伝いが好きである。食事の準備や後片付け，調理の下ごしらえ等の手伝いに喜んで取り組む。その過程で，見たり触ったり嗅いだり，時には味見をしたりなど，五感を通して食への関心が高まる。また食材となる野菜を栽培すると，苦手な野菜であっても自分で育てたものは喜んで食べることもある。意欲的に食べる子どもを育てるために，年齢に応じて食をめぐる様々な行為に関わる機会をもたせたい。

⑤　食べものを話題にする子どもに

子どもはままごとで食事を作るふりを楽しんだり，レストランごっこをしたりして，積極的に食という行為を遊びに取り込もうとする。それだけ食が，生活に密着した，子どもにとって身近なテーマなのだといえよう。食べることへの関心，あるいはそこから派生して食材のなりたちへの関心を高め，日常的に話題にできるようにしたい。

図7-1は授乳期から思春期に向けて，楽しく食べる力の育ちを表した

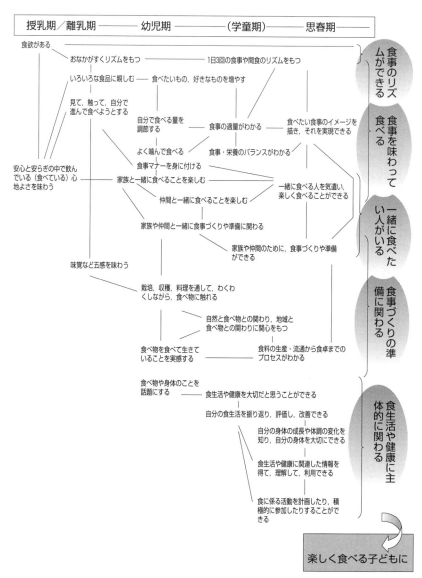

図7-1 発育・発達過程に応じて育てたい"食べる力"について
(保育所における食育研究会:乳幼児の食育実践へのアプローチ,児童育成協会児童給食事業部,2004, p.243)

ものである。発達に応じて食の体験を広げたり，食を楽しむ環境に出会わせていく必要があろう。

2．乳幼児期の食の大切さと保育

（1）乳児期・幼児前期に大切にしたいこと

　乳児期に大切なのは「食事，睡眠等の生活リズムの感覚が芽生える」ことである。この時期は哺乳と睡眠のリズムの個人差が大きい。保育者は家庭と連携を図りながら一人一人の子どものリズムに応じた丁寧で柔軟な対応が求められる。

　何より大切にしたいのは，保育者との信頼関係と「対話」である。哺乳―授乳関係は人のコミュニケーションの原型だといわれている。乳児は休み休みしながら哺乳するが，保育者は乳を飲んでいる時はじっと様子を見，哺乳を休むと「おいしいね」といったり「お腹はいっぱいですか」と語りかけたりする。この相手の様子に合わせたキャッチボールのようなやりとりは，他者への基本的な信頼感を育むとともに会話の原型の体験となる。できれば，特定の保育者が関わりながら，授乳の際にはしっかり乳児の目を見て様子に応じながら話しかけることが大切である。

　6か月を過ぎると乳歯が生えはじめ，舌で食べ物をつぶす力がついてきて離乳の時期を迎える。子どもにとって固形食は初めての体験に溢れていて，味や舌ざわりなどに違和感をもつのは当然のことであるが，周囲の大人がおいしそうに食べる様子を見て，自分も食べてみようという気持ちをもつことが多い。「個人差に応じて授乳を行い，離乳食を進めていく中で，様々な食品に少しずつ慣れ，食べることを楽しむ」ことが大切である。食事は単なる栄養の摂取行為ではなく，「楽しむ」という情動とともにある喜びの行為である。したがって保育者は子どもとのコミュニケーションを大切にし，一人一人の子どもが人との関わりの中で食の体験を広げていくことを目指し，和やかな雰囲気の中で様々な食品に慣れ，進んで食べよう

とする気持ちが育つようにしたい。

　1歳から2歳にかけては運動機能が急速に発達し，移動能力が高まる。歩行によって解放された両腕が機能するようになり，小さなものをつまんだり運んだりできるようになる。大人の食事の様子をよく見ていて，自分でもスプーンを使って物を食べようとするが，まだ上手にはできずにこぼしたり，時には手づかみで食べ物を口に運んだりする。大切なのは積極的に食べようとする意欲や態度である。「様々な食品や調理形態に慣れ，ゆったりとした雰囲気の中で食事や間食を楽しむ」という内容に向けて自分でやってみようとする行為をしっかり受け止めることが大切である。

(2) 3歳以上の幼児期に大切にしたいこと

　3歳児以上の子どもは遊びもより活発になり，言語を介して仲間との関係を深めていく。それとともに食への関心や態度もより積極的になり，好きな食べ物をおいしく食べることに加えて，自分の体のことを考えて苦手な食べ物にも自分から挑戦しようという気持ちももてるようになる。また，食生活に必要なうがいや手洗いといった身の回りを清潔にする活動にも自ら取り組むようになり，「健康，安全な生活に必要な習慣や態度を身に付け，見通しをもって行動する」ようになる。友達関係の深まりとともに，他者の世話をすることも喜びと感じるようになるため，食事場面での当番活動を自分たちで進めるようになる。

　食をめぐる体験はより広がりを見せる。この時期に経験させたい内容は次の3点，「保育士等や友達と食べることを楽しみ，食べ物への興味や関心をもつ」「健康な生活のリズムを身に付ける」「身の回りを清潔にし，衣服の着脱，食事，排泄などの生活に必要な活動を自分でする」であり，和やかな雰囲気の中で保育者や他の子どもと食べる喜びや楽しさを味わったり，様々な食べ物への興味や関心をもったりするなどし，食の大切さに気付き，進んで食べようとする気持ちを総合的に育てることが求められる。

　そのためには食の環境を整備しなければならないが，特に保育所では「子どもが自らの感覚や体験を通して，自然の恵みとしての食材や食の循

環・環境への意識，調理する人への感謝の気持ちが育つように，子どもと調理員等との関わりや，調理室など食に関わる保育環境に配慮すること」が求められ，調理に関わる職員と保育者の連携が目指されている。また，園にはそれぞれの地域の独自の伝統食などがあろう。それらを食育として取り込むことで，地域との連携を深める実践の展開も期待されている。

（3）アレルギー等への対応

　幼稚園では保護者が作る弁当を持参することが多いので，食物アレルギーへの対応は保育所ほど頻度が高くはないが，それでもたとえば保育の中で調理を行い，みんなで同じ物を食する体験や，誕生会などで一緒におやつを食べる体験も行われるため，アレルギーのある子どもの対応については家庭との密な連携が必要である。重度の場合は，隣で食べている子どもの食材に反応するという子どももいる。担任の保育者だけでなく園全体で対策を共有する必要がある。

　保育所等の場合は昼食，間食等を調理し提供する場でもあり，さらに細やかな対策が必要となる。保育所保育指針には「体調不良，食物アレルギー，障害のある子どもなど，一人一人の子どもの心身の状態等に応じ，嘱託医，かかりつけ医等の指示や協力の下に適切に対応すること。栄養士が配置されている場合は，専門性を生かした対応を図ること」と示されており，一人一人の状態に即した丁寧な対応が求められている。ただし，アレルギーのある子どもも集団での食を楽しめるように，食品除去や代替食品を使用する場合でも，栄養的にも視覚的にも他の子どもの食と大きな違いがないように工夫する配慮が必要である。そのためには調理職員と保育者の日常的な連携が何より大切である。

まとめの課題

1. 乳幼児の食育の目標は何か，まとめよう。
2. 第5章に挙げられている食に関わる事例をとりあげながら，食事場面における保育者の指導上の留意点をまとめよう。

文献

1) 保育所における食育研究会：乳幼児の食育実践へのアプローチ，児童育成協会児童給食事業部，2004

第8章 領域「健康」の理解と指導法

📖 予習課題

1. 「健康な」乳幼児の姿を考えて，具体的に挙げてみよう。
2. 健康な心と体を育むために必要な環境について考えてみよう。

1．幼児教育の基本と領域の考え方

(1) 幼児教育の基本

　幼児教育は，生涯にわたる人格形成の基礎を培う重要なものであり，環境を通して行われる。これを踏まえ以下の3つの視点が重視されている。

1) 幼児期にふさわしい生活の展開
　　　──安定した情緒の下で自己発揮できる

　幼児は保育者に認められ，支えられることで信頼関係を形成し，安心感をもち，安定した情緒の下で自分の気持ちを伝えたり考えを述べたり，挑戦したりするなど自己を発揮していくようになる。このような体験の積み重ねが自立に向かうことを支える。また，幼児の興味や関心に基づく直接的で具体的な体験は，様々な学びの経験であるとともに充実感や満足感を味わい意欲を高めていくことにもなる。さらに，保育者や友達との関わりの中で，自律性，協同性，社会性などが育まれていく（第1章）。

　領域「健康」のねらい①「明るく伸び伸びと行動し，充実感を味わう」ことは，このような生活に支えられることでみられる姿である。

2）遊びを通しての総合的な指導——遊びを通して学ぶ

　遊びとは「遊ぶこと自体が目的であり，人の役に立つ何らかの成果を生み出すことが目的ではない」[1]とあるように，子ども自身がどう取り組むかが重要である。また，遊びとしての活動においては，子どもの様々な能力が関連して同時に発揮され様々な側面の発達が促されている。したがって，遊びとしての活動であることは子どもの心身の様々な側面が総合的に発達することを意味する。

　杉原[2]は保育に役立つ遊びの捉え方として，遊びを内発的に動機づけられた状態とし，この考えに基づき，子どもの自己決定を引き出すことが遊びを指導することとしている。このような遊びを通しての指導により，ねらいが総合的に達成されるのである（第6章）。

3）一人一人の特性に応じた指導
——個々の課題を見つけ関わり方を変える

　同じ月齢であっても子どもの育ちは同じではなく様々である。個々の子どもの特性を理解し，発達の課題を把握しながらその子らしさを尊重して指導することが大切である。このような関わりが結果的に子どもとの信頼関係を形成することになるとともに，子どもの自己決定を尊重すること（遊びを通しての総合的な指導）にもなる。

（2）領域の考え方

　領域とは，幼児期の発達を整理し5つの側面（健康，人間関係，環境，言葉，表現）からまとめたものである。領域は小学校以上の教科のように，特定の活動（たとえばボール運動）と特定の教科（たとえば体育）を1対1で結び付けるのではなく，ある活動には様々な領域（5つの領域）に関わる経験が包括的に含まれているという捉え方である。たとえばボール遊びの場面では，友達と協力したり，きまりを守って遊んだりする姿は領域「人間関係」，ボールのはずみ方や転がり方に興味をもち試す姿は領域「環境」，遊び方について自分の思いを友達に伝えたり尋ねたりする姿は領域「言葉」，思い切り体を使って動く姿は領域「健康」に関係している。

このように，子どもの発達は様々な側面が関連し合ってなされており，各領域に示されているねらいおよび内容は，保育者が子どもの遊びや生活を通して総合的な指導を行う際の視点であると同時に，環境を構成する際の視点でもある。

(3) ねらいおよび内容

ねらいは，「幼稚園教育において育みたい資質・能力を幼児の生活する姿から捉えたもの」であり，園生活を通して「子どもたちに身に付けてほしいもの」をまとめたものである。各領域3つずつのねらいがあり5領域で計15のねらいがある。内容は，「ねらいを達成するために指導する事項」で，言い換えれば子どもが経験する事項，すなわち「何を」経験すればいいかというときの「『何を』という経験の中身を整理したもの」である。内容の取扱いは，「幼児の発達を踏まえた指導を行うに当たって留意すべき事項」で，「保育者が指導や援助，配慮すべきこと」が示されている。

2. 幼稚園教育要領，保育所保育指針，幼保連携型認定こども園教育・保育要領の改訂（定）

(1) 資質・能力の3つの柱

2017（平成29）年改訂（定）の幼稚園教育要領，保育所保育指針，幼保連携型認定こども園教育・保育要領では，生きる力の基礎を育むための3つの資質・能力（「知識及び技能の基礎」，「思考力・判断力・表現力等の基礎」，「学びに向かう力，人間性等」）を一体的に育むことが示された。この3つの資質・能力は，各領域におけるねらいおよび内容を通して育てようとしている根幹にあたるものである。これらは，小・中・高を通して育まれる「知識及び技能」，「思考力・判断力・表現力」，「学びに向かう力，人間性等」の基礎として位置付けられ，ねらいおよび内容に基づく活動全体によって育まれるものである（図8-1）。

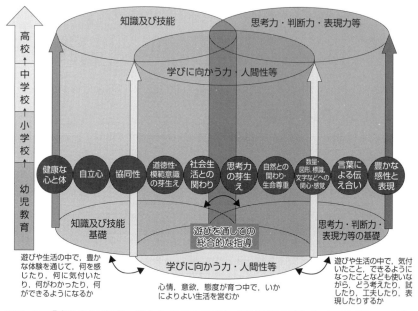

図8-1 「育みたい資質・能力」の3つの柱と「幼児期の終わりまでに育ってほしい姿」

（2）幼児期の終わりまでに育ってほしい10の姿

3つの資質・能力の育ちを5歳児後半の幼児の姿に即して示したものが「幼児期の終わりまでに育ってほしい姿」である。これは幼児教育と小学校教育との円滑な接続を考慮し，特に5歳児後半の指導の充実を図ることを意図したもので，10の姿に整理されている（図8-1）。ただし，これらの姿は「できる，できない」という到達目標ではなく，また個別に取り出して指導するものではない。

（3）領域「健康」の改訂点

2017（平成29）年改訂（定）の幼稚園教育要領等では，領域「健康」の改訂点として以下の4つが挙げられる。

1）見通しをもって行動すること

ねらい③「健康,安全な生活に必要な習慣や態度を身に付け,見通しをもって行動する」の下線部が新たに示された。これは3つの資質・能力が明示されたことに伴うもので,特に「思考力・判断力・表現力等の基礎」における「見通しをもつ」ことを反映させたものである。

2）食べ物への関心や興味

内容⑤「先生（保育士等／保育教諭等）や友達と食べることを楽しみ,食べ物への興味や関心をもつ」,またこれに関連し,内容の取扱い④にも「食の大切さに気付き」という下線部の文言がそれぞれ加えられた。内容⑤は2005（平成17）年に食育基本法が成立して以降,食育への取り組みの高まりとともに前回2008（平成20）年の改訂で領域「健康」に唯一新たに加わった内容である。2017（平成29）年改訂（定）ではこれに加え,食べ物への興味や関心をもつことが明示された。

3）多様な動きの経験

内容の取扱い②に「その際,多様な動きを経験する中で,体の動きを調整するようにすること」という一文が新たに加わった。これは,2012（平成24）年に文部科学省により策定された「幼児期運動指針」などを踏まえ,遊びを通した多様な動きの経験が幼児期にふさわしい運動のあり方であることによる（第3章）。主に内容②③④などに関連して配慮すべき事項である。

4）安全に関する記述

安全に関する内容は主に内容⑩であるが,これに関する内容の取扱いは,これまで「安全についての構えを身に付け」ることが内容の取扱い②で示されていた（2008（平成20）年幼稚園教育要領）。また同要領の「第3章 第1指導計画の作成に当たっての留意事項 第3節1安全に関する指導」に示されていた安全に関する記述を,安全に関する指導の重要性の観点等から,領域「健康」の内容の取扱い⑥に全文がほぼ移行する形で新規に示された。これに伴い「安全についての構え」「避難訓練などを通して」の文言が内容の取扱い⑥に整理された。主に内容②③⑧⑩などに関連して配慮すべき事項である。

3. 幼稚園教育要領，保育所保育指針，幼保連携型認定こども園教育・保育要領における領域「健康」

　2017（平成29）年改定（訂）の保育所保育指針等では，3歳未満児の保育所利用率の増加や，0～2歳児の発達の重要性を踏まえ，これまで0～6歳で共通となっていた保育内容が，乳児保育（乳児期の園児の保育），1歳以上3歳未満児の保育（満1歳以上満3歳未満の園児の保育），3歳以上児の保育（満3歳以上の園児の教育および保育）に区分された。このうち乳児保育と1歳以上3歳未満児の保育の区分は，新たに示されたものである。

　乳児保育については5領域ではなく，3つの視点でねらいが定められており，1歳以上3歳未満児の保育および3歳以上児の保育は5領域（健康，人間関係，環境，言葉，表現）で，そのうちの一つの領域が心身の健康に関する領域「健康」である。

（1）乳児保育の「健やかに伸び伸びと育つ」のねらいおよび内容

　乳児保育は領域ではなく，身体的発達に関する視点「健やかに伸び伸びと育つ」，社会的発達に関する視点「身近な人と気持ちが通じ合う」，精神的発達に関する視点「身近なものと関わり感性が育つ」の3つの視点でねらいおよび内容が定められている。これは，乳児期は発達が未分化で発達の諸側面が重なり合っていることを考慮したもので，各視点は独立しているのではなく，視点間の境界はあいまいで相互に重なり合い，かつ影響し合ってそれぞれの育ちにつながるという捉え方である。

　このうち「健やかに伸び伸びと育つ」は，「健康な心と体を育て，自ら健康で安全な生活をつくり出す力の<u>基盤を培う</u>」ものであり，1歳以上3歳未満児の保育，3歳以上児の保育の領域「健康」につながるもの，すなわちその土台に位置づく視点である。

　ねらいは身体感覚，運動，生活リズム（基本的生活習慣）に関する3つで，内容は5つある（表8-1）。

3. 幼稚園教育要領, 保育所保育指針, 幼保連携型認定こども園教育・保育要領における領域「健康」

表8-1　平成29年改訂（定）保育所保育指針，幼保連携型認定こども園教育・保育要領，幼稚園教育要領　領域「健康」のねらいおよび内容

乳児[*1,2]	1歳以上3歳未満児[*1,2]	3歳以上児[*1,2,3]
健やかに伸び伸びと育つ	健康	健康
健康な心と体を育て，自ら健康で安全な生活をつくり出す力の基盤を培う。	健康な心と体を育て，自ら健康で安全な生活をつくり出す力を養う。	健康な心と体を育て，自ら健康で安全な生活をつくり出す力を養う。
（ア）ねらい	（ア）ねらい	（ア）ねらい
①身体感覚が育ち，快適な環境に心地よさを感じる。 ②伸び伸びと体を動かし，はう，歩くなどの運動をしようとする。 ③食事，睡眠等の生活のリズムの感覚が芽生える。	①明るく伸び伸びと生活し，自分から体を動かすことを楽しむ。 ②自分の体を十分に動かし，様々な動きをしようとする。 ③健康，安全な生活に必要な習慣に気付き，自分でしてみようとする気持ちが育つ。	①明るく伸び伸びと行動し，充実感を味わう。 ②自分の体を十分に動かし，進んで運動しようとする。 ③健康，安全な生活に必要な習慣や態度を身に付け，見通しをもって行動する。
（イ）内容	（イ）内容	（イ）内容
①保育士（保育教諭）等の愛情豊かな受容の下で，生理的・心理的欲求を満たし，心地よく生活をする。 ②一人一人の発育に応じて，はう，立つ，歩くなど，十分に体を動かす。 ③個人差に応じて授乳を行い，離乳を進めていく中で，様々な食品に少しずつ慣れ，食べることを楽しむ。 ④一人一人の生活のリズムに応じて，安全な環境の下で十分に午睡をする。 ⑤おむつ交換や衣服の着脱などを通じて，清潔になることの心地よさを感じる。	①保育士（保育教諭）等の愛情豊かな受容の下で，安定感をもって生活をする。 ②走る，跳ぶ，登る，押す，引っ張るなど全身を使う遊びを楽しむ。 ③様々な食品や調理形態に慣れ，ゆったりとした雰囲気の中で食事や間食を楽しむ。 ④食事や午睡，遊びと休息など，保育所（こども園）における生活のリズムが形成される。 ⑤身の回りを清潔に保つ心地よさを感じ，その習慣が少しずつ身に付く。 ⑥保育士（保育教諭）等の助けを借りながら，衣類の着脱を自分でしようとする。 ⑦便器での排泄に慣れ，自分で排泄ができるようになる。	①先生（保育士等／保育教諭等）や友達と触れ合い，安定感をもって行動する。 ②いろいろな遊びの中で十分に体を動かす。 ③進んで戸外で遊ぶ。 ④様々な活動に親しみ，楽しんで取り組む。 ⑤先生（保育士等／保育教諭等）や友達と食べることを楽しみ，食べ物への興味や関心をもつ。 ⑥健康な生活のリズムを身に付ける。 ⑦身の回りを清潔にし，衣服の着脱，食事，排泄などの生活に必要な活動を自分でする。 ⑧幼稚園（保育所／こども園）における生活の仕方を知り，自分たちで生活の場を整えながら見通しをもって行動する。 ⑨自分の健康に関心をもち，病気の予防などに必要な活動を進んで行う。 ⑩危険な場所，危険な遊び方，災害時などの行動の仕方が分かり，安全に気を付けて行動する。
（ウ）内容の取扱い	（ウ）内容の取扱い	（ウ）内容の取扱い
上記の取扱いに当たっては，次の事項に留意する必要がある。	上記の取扱いに当たっては，次の事項に留意する必要がある。	上記の取扱いに当たっては，次の事項に留意する必要がある。
①心と体の健康は，相互に密接な関連があるものであることを踏まえ，温かい触れ合いの中で，心と体の発達を促すこと。特に，寝返り，お座り，はいはい，つかまり立ち，伝い歩きなど，発育に応じて，遊びの中で体を動かす機会を十分に確保し，自ら体を動かそうとする意欲が育つようにすること。	①心と体の健康は，相互に密接な関連があるものであることを踏まえ，子どもの気持ちに配慮した温かい触れ合いの中で，心と体の発達を促すこと。特に，一人一人の発育に応じて，体を動かす機会を十分に確保し，自ら体を動かそうとする意欲が育つようにすること。	①心と体の健康は，相互に密接な関連があるものであることを踏まえ，幼児（子ども／園児）が教師（保育士等／保育教諭等）や他の幼児（子ども／園児）との温かい触れ合いの中で自己の存在感や充実感を味わうことなどを基盤として，しなやかな心と体の発達を促すこと。特に，十分に体を動かす気持ちよさを体験し，自ら体を動かそうとする意欲が育つようにすること。

		②様々な遊びの中で，幼児（子ども／園児）が興味や関心，能力に応じて全身を使って活動することにより，体を動かす楽しさを味わい，自分の体を大切にしようとする気持ちが育つようにすること。<u>その際，多様な動きを経験する中で，体の動きを調整するようにすること。</u>③自然の中で伸び伸びと体を動かして遊ぶことにより，体の諸機能の発達が促されることに留意し，幼児（子ども／園児）の興味や関心が戸外にも向くようにすること。その際，幼児（子ども／園児）の動線に配慮した園庭や遊具の配置などを工夫すること。
②健康な心と体を育てるためには望ましい食習慣の形成が重要であることを踏まえ，離乳食が完了期へと徐々に移行する中で，様々な食品に慣れるようにするとともに，和やかな雰囲気の中で食べる喜びや楽しさを味わい，進んで食べようとする気持ちが育つようにすること。なお，食物アレルギーのある子ども（園児）への対応については，嘱託医（学校医）等の指示や協力の下に適切に対応すること。	②健康な心と体を育てるためには望ましい食習慣の形成が重要であることを踏まえ，ゆったりとした雰囲気の中で食べる喜びや楽しさを味わい，進んで食べようとする気持ちが育つようにすること。なお，食物アレルギーのある子ども（園児）への対応については，嘱託医（学校医）等の指示や協力の下に適切に対応すること。	④健康な心と体を育てるためには食育を通じた望ましい食習慣の形成が大切であることを踏まえ，幼児（子ども／園児）の食生活の実情に配慮し，和やかな雰囲気の中で教師（保育士等／保育教諭等）や他の幼児（子ども／園児）と食べる喜びや楽しさを味わったり，様々な食べ物への興味や関心をもったりするなどし，<u>食の大切さに気付き</u>，進んで食べようとする気持ちが育つようにすること。
	③排泄の習慣については，一人一人の排尿間隔等を踏まえ，おむつが汚れていないときに便器に座らせるなどにより，少しずつ慣れさせるようにすること。④食事，排泄，睡眠，衣類の着脱，身の回りを清潔にすることなど，生活に必要な基本的な習慣については，一人一人の状態に応じ，落ち着いた雰囲気の中で行うようにし，子ども（園児）が自分でしようとする気持ちを尊重すること。また，基本的な生活習慣の形成に当たっては，家庭での生活経験に配慮し，家庭との適切な連携の下で行うようにすること。	⑤基本的な生活習慣の形成に当たっては，家庭での生活経験に配慮し，幼児（子ども／園児）の自立心を育て，幼児（子ども／園児）が他の幼児（子ども／園児）と関わりながら主体的な活動を展開する中で，生活に必要な習慣を身に付け，次第に見通しをもって行動できるようにすること。
		<u>⑥安全に関する指導に当たっては，情緒の安定を図り，遊びを通して安全についての構えを身に付け，危険な場所や事物などが分かり，安全についての理解を深めるようにすること。また，交通安全の習慣を身に付けるようにするとともに，避難訓練などを通して，災害などの緊急時に適切な行動がとれるようにすること。</u>

*1　保育所保育指針（表記：保育所，保育士，子ども）
*2　幼保連携型認定こども園教育・保育要領（表記：幼保連携型認定こども園，保育教諭，園児）
*3　幼稚園教育要領（表記：幼稚園，先生または教師，幼児）
（注）各年齢において，年齢間のつながりを考慮してねらいおよび内容の順序を入れ替えている。
　　　下線部は前回からの変更箇所。

1）身体感覚の育ちを支えること

> ねらい①　身体感覚が育ち、快適な環境に心地よさを感じる。
> 内容①　保育士（保育教諭）等の愛情豊かな受容の下で、生理的・心理的欲求を満たし、心地よく生活をする。

　乳児期には身近な環境との関わりを通して自分と外界との区別をし始め、身体感覚を得ることから自己を認識していく。そのためには保育者による応答的な関わりと、安心して伸び伸びと動ける環境の中で心地よさを感じることが必要である。

2）運動機能の発達を支えること

> ねらい②　伸び伸びと体を動かし、はう、歩くなどの運動をしようとする。
> 内容②　一人一人の発育に応じて、はう、立つ、歩くなど、十分に体を動かす。

　内容②は運動に関するものである。これはこの時期の運動機能の発達が、他の時期とは異なり、発達課題として健康と密接に関係していることによる。乳児期の運動発達の重要性について宮丸[3]は、以下の2点を挙げている。ひとつは、首がすわる、寝返り、一人で座るなどの運動発達のおおよその順序は決まっているため子どもの成長・発達が健全かどうかの判断基準になること（第3章）、もうひとつは、はいはいや歩くなどのいろいろな運動の達成が子どもの行動範囲を広げ、環境との接触をさらに拡大し促進させることになることである。内容②に関しては、内容の取扱い①にも「…特に、寝返り、お座り、はいはい、つかまり立ち、伝い歩きなど、発育に応じて、遊びの中で体を動かす機会を十分に確保し、自ら体を動かそうとする意欲が育つようにすること」とあり、伸び伸びと動ける環境を整え、子どもの好奇心を刺激することで動きを引き出すとともに、運動（動き）の発達に配慮した関わりが必要である。

3）基本的生活習慣の形成を支えること

> ねらい③　食事，睡眠等の生活のリズムの感覚が芽生える。
> 内容③　個人差に応じて授乳を行い，離乳を進めていく中で，様々な食品に少しずつ慣れ，食べることを楽しむ。
> 内容④　一人一人の生活のリズムに応じて，安全な環境の下で十分に午睡をする。
> 内容⑤　おむつ交換や衣服の着脱などを通じて，清潔になることの心地よさを感じる。

　内容③は，基本的生活習慣の中でも食育に関するものである。これに関連し内容の取扱い②では「…望ましい食習慣の形成が重要であることを踏まえ，…様々な食品に慣れるようにするとともに，和やかな雰囲気の中で食べる喜びや楽しさを味わい，進んで食べようとする気持ちが育つようにすること」とあるように，望ましい食習慣を形成することの重要性を踏まえ，様々な食品をおいしく味わえるよう工夫することで食への興味や，食への意欲がもてるような配慮が必要である。

　また内容④，⑤は，基本的生活習慣の形成や生活リズムの形成である。食べる，遊ぶ（動く），寝る（休息）が規則的に行われる生活のリズムを形成することは，意欲的に生活するために大切なことである。乳児期には次第に昼夜の区別がつき始めることから，子どもの生理的なリズムを尊重しながら生活の流れをつくることも大切である。個人差を考慮し，一人一人の生理的欲求が満たされるよう配慮しながら，子どもの心地よい生活を保障していくことが必要である。

（2）1歳以上3歳未満児の保育における領域「健康」のねらいおよび内容

　1歳以上3歳未満児の保育における領域「健康」は，3歳以上児と同様「健康な心と体を育て，自ら健康で安全な生活をつくり出す力を養う」ものであるが，3歳以上児とは異なり，保育者の身体的な関わりを伴う養護的な関わりが多い。しかし，子どもの「自分で」という気持ちも次第に強くなり，その中で経験している事柄は教育的な側面も見られてくる。このことから，「…自ら健康で安全な生活をつくり出す力を養」い始めること

に伴い，自立に向かうことを支えていくことが必要である。

　ねらいは3つで，情緒の安定，運動，基本的生活習慣に関するものである。またこれらを達成するために経験する内容は7つある（表8-1）。

　3つのねらいにはいずれも「自分から」「しようとする」「自分でしてみようとする」といった，主体的能動的に取り組もうとする子どもの姿が示されている。子どもの自分でしてみようとする気持ちを支えながら，子どもが安心して取り組める環境に配慮し，自分でできたときの達成感を十分に経験させることが大切である。

1）情緒の安定を支えること

> ねらい①　明るく伸び伸びと生活し，自分から体を動かすことを楽しむ。
> 内容①　保育士（保育教諭）等の愛情豊かな受容の下で，安定感をもって生活をする。

　内容①は，乳児保育の内容①での経験を踏まえた姿になっている。子どもの欲求や興味を理解し，応答的に関わることで子どもが自分を肯定する気持ちをもち，情緒の安定を図ることが必要である。

2）運動発達を支えること

> ねらい②　自分の体を十分に動かし，様々な動きをしようとする。
> 内容③　走る，跳ぶ，登る，押す，ひっぱるなど全身を使う遊びを楽しむ。

　1歳を過ぎると歩き始めるようになり，行動範囲も広がりますます活発に動くようになる。また手指の機能の発達によりものの操作もできることが増えてくる（第3章）。運動発達は経験による。子どもの「自分で」という気持ちを尊重しながら，「…一人一人の発育に応じて，体を動かす機会を十分に確保」（内容の取扱い①）するよう，個々の発育や安全面に配慮しながら環境を整えることが大切である。そうした関わりの中で「自ら体を動かそうとする意欲が育つ」（内容の取扱い①）ようにすることが大切である。

3）基本的生活習慣の形成を支えること

> ねらい③　健康，安全な生活に必要な習慣に気付き，自分でしてみようとする気持ちが育つ。

　内容②④⑤⑥⑦は，それぞれ生活リズム（睡眠），食育，清潔，衣服の着脱，排泄といった基本的生活習慣に関するものである。これらは，毎日の繰り返しの中で段階的に身に付けて行くものであり，自立に向かい始めるこの時期の発達的特徴を反映した内容となっている。

　内容の取扱いでは，「①子ども（園児）の気持ちに配慮した温かい触れ合いの中で」，「②ゆったりとした雰囲気の中で食べる喜びや楽しさを味わい」，「④…一人一人の状態に応じ，落ち着いた雰囲気の中で行うようにし」のように安定した気持ちで過ごすことのできる雰囲気づくりが大切であることが示されている（下線部）。また，「①一人一人の発育に応じて」，「③一人一人の排尿間隔等を踏まえ」，「④一人一人の状態に応じ」のように発達の個人差，個々のペースに配慮した関わりが必要である（下線部）。さらに「①自ら体を動かそうとする意欲が育つようにすること」，「②進んで食べようとする気持ちが育つように」，「④子ども（園児）が自分でしようとする気持ちを尊重すること」など子どものやりたい気持ちを尊重し（下線部），子どもなりにできたことに共感し，自信や達成感を味わうことを大切にすることが示されている。

　生活習慣は毎日の繰り返しの中で身に付いていく。家庭での生活経験に配慮し，園での対応を家庭にも丁寧に伝えながら，「家庭との適切な連携の下で行うようにすること」（内容の取扱い④）が大切である。

（3）3歳以上児の保育における領域「健康」のねらいおよび内容

　3歳以上児の保育では，2017（平成29）年改訂（定）の幼稚園教育要領，保育所保育指針，幼保連携型認定こども園教育・保育要領の3つで幼児教育としてすべて共通したものとなった。領域「健康」は1歳以上3歳未満児の保育と同様「健康な心と体を育て，（幼児が）自ら健康で安全な生活

をつくり出す力を養う」ことを目指す領域である（表8-1）。

1）領域「健康」のねらい

「幼稚園教育において育みたい資質・能力を幼児の生活する姿から捉えたもの」であるねらいは，園生活を通して「子どもたちに身に付けてほしいもの」である（表8-1）。

> ねらい①　明るく伸び伸びと行動し，充実感を味わう。

情緒が安定している幼児は，自ら能動的に周囲の環境に関わろうとする。そのためにはまず周囲の人々との安定した信頼関係の下，不安や緊張がなく安心できる環境で過ごせることが大切である。

「明るく伸び伸び」というのは，表面的な活発さをいうのではなく，自己発揮しながら喜びや満足感，達成感などを味わうという内面的な充実のことをも意味している。主体的に物事に関わる中で，自ら考え工夫したり，楽しさを味わったりする経験の積み重ねが健康な心を育てる。受容的な環境の中，安定感や解放感，充実感を味わいながら生活することができることをねらいとしている。

> ねらい②　自分の体を十分に動かし，進んで運動しようとする。

幼児期は活動欲求が高い時期であるが，体を動かすことは体の諸機能（第2章）や運動発達（第3章）だけでなく，心の育ちにも密接に関係している（第6章）。子どもの「自ら」や「進んで」という意欲や態度を育てることは，子どもの主体性を育み発達に必要な経験を積み重ねることを助ける。このような経験は，身体諸機能の調和的な発達を促す上でも重要なことである。

運動というと「できる，できない」に目が向きがちであるが，まずは体を動かす心地よさや気持ちよさを十分に味わうことが大切である。それにより育まれた意欲や態度は，自ら健康で安全な生活をつくり出す力になる。

> ねらい③　健康，安全な生活に必要な習慣や態度を身に付け，見通しをもって行動する。

基本的な生活習慣や安全に関する習慣や態度は，自ら健康で安全な生活をつくり出すための土台であり，自立の基礎でもある。生活習慣については，乳児期から毎日の生活の流れの中で経験してきた行動であるが，幼児期にはこれらが身に付き，自立に向かう。また，安全に関しては，日常の生活や遊びの中での危険や対応，災害時の行動などを幼児なりに理解し行動できることが必要である。

健康，安全な生活に必要な習慣や態度は，単にルーティンとして行うことではない。子どもがその必要性を理解し，その方法が「わかって」自ら行うことが「できる」ようにすることが大切である。このことにより子ども自身が見通しをもって自立的に行動できることになる。

2）領域「健康」の内容

内容は，「ねらいを達成するために指導する事項」で，子どもが「何を」経験するかという経験の中身を整理したものである。

> 内容① 先生（保育士等／保育教諭等）や友達と触れ合い，安定感をもって行動する。

幼児が安定した情緒の下で生活するためには，周囲から受け止められているという確かな思いをもつことと，友達と仲良く過ごすことができることが関係している。その基本となるのは保育者との信頼関係である。保育者は一人一人の幼児の心のよりどころとなるよう幼児に寄り添い，受け止めることが大切である。保育者との信頼関係を築いた幼児は，主体的に物事に関わったり，友達と過ごす楽しさや喜びを味わうようになる。

> 内容② いろいろな遊びの中で十分に体を動かす。

ねらい②には「自分の体を十分に動かし，進んで運動しようとする」とあるが，十分に体を動かすことは運動的な遊びに限らず，ごっこ遊びや表現的な遊びでもダイナミックに体を動かす姿がみられる。幼児期の運動発達の特徴を踏まえれば（第3章），いろいろな遊びを通して多様な動きを身に付けることが重要である。幼児の興味の幅が広がるような働きかけを通して，全身を十分に動かし，活動意欲を満足させる経験を積み重ねてい

くことが大切である。

> 内容③　進んで戸外で遊ぶ。

　戸外という空間は，外気に触れ様々な気象現象を直接肌で感じたり（第2章），空間の広がりから解放感を感じることができ，自然と大きな動きが引き出される環境である。また戸外では草木や虫などの自然環境に触れる機会にもなる。幼児の好奇心を刺激し，安全に配慮しながら幼児が取り組んでみたいと思える環境を整備することが大切である。入園前に戸外で遊ぶ経験が少ない幼児も，幼児の関心を少しずつ戸外に向けながら，戸外の楽しさや気持ちよさを味わえるようにしていく。

> 内容④　様々な活動に親しみ，楽しんで取り組む。

　それぞれの活動においてはそれぞれ特有の身体的能力と精神的能力が関係している。特定の活動に偏ることなく，「様々な活動」に興味をもって取り組むことで心と体の調和的な発達を促すことになる。
　そのためには，個々の幼児の興味や発想を大切にしながら取り組んで楽しいという充実感や満足感を味わえるようにする。「様々な活動」は単に活動の違いだけでなく，同じ活動であっても人数やメンバー，遊具や場所の違いによって経験の中身が異なることを意味するため，それぞれの活動の意味を捉えて関わることが重要である。様々な活動の面白さに触れ，幼児自らが積極的，主体的に自己決定しながら遊ぶようにしていく。

> 内容⑤　先生（保育士等／保育教諭等）や友達と食べることを楽しみ，食べ物への興味や関心をもつ。

　幼児期は体の発育が著しく，十分な栄養素が必要である（第2章）。十分に体を動かしお腹がすくと食べたときに満足感が味わえる。お腹がすく感じを味わわせることも食への関心をもたせることになる。園では家庭とは異なり集団での食事になる。まずは安心して食事ができる雰囲気の中で，みんなと一緒に食べることを楽しめることが大切である。保育者や友

達との会話を楽しむ中で、食べ物の名前や味を話題にしたり、形や色、食感などに気付かせることで食べ物への興味をもったりする。自分たちで栽培したり調理したりする機会を設けるなどすることも食への意欲を育てることにつながる。

> 内容⑥　健康な生活のリズムを身に付ける。

　幼児にとって望ましい生活は、睡眠、食事、活動（運動）のリズムが整っていることである。十分に体を動かす（内容②）ことでお腹がすき、疲れてぐっすり休むという自然のリズムである。十分な睡眠がとれることで昼間の活動も充実したものとなり活動意欲も満たされる。お腹がすけば食事への意欲もわき、おいしく楽しく食べることができる（内容⑤）。幼児期に望ましい規則性のある生活のリズムを形成することは、幼児自らが健康で安全な生活をつくり出す力を養うためには重要なことである。
　生活リズムは園生活のみで成立するものではない。一日を通した生活のリズムに配慮し、家庭との十分な連携を図ることも必要である。

> 内容⑦　身の回りを清潔にし、衣服の着脱、食事、排泄などの生活に必要な活動を自分でする。

　幼児期は基本的生活習慣を形成する大切な時期である。生活習慣は毎日の生活を通して繰り返し経験される中で習慣化していく。最初はやり方に戸惑う幼児も、保育者をまねたり、友達の姿を見たりしながら様々な習慣や態度を身に付けていく。そのためには集団でのよりよい関係をつくることも大切である。
　幼児が自分なりにできたという自信は、「自分で」という主体的な行動と意欲、そして自立にもつながる。家庭の実態を踏まえながら、家庭との連携を図り、協力して指導していくことが大切である。

> 内容⑧　幼稚園（保育所／幼保連携型認定こども園）における生活の仕方を知り、自分たちで生活の場を整えながら見通しをもって行動する。

園での心地よい生活を送るためには，快い環境にする必要がある。集団での生活において一日の時間の流れの中で自分たちが生活する場を整える経験を繰り返しながら，「自分たちで」見通しをもって自立的に行動できるようにしていく。そのためには，幼児なりに清潔で安全な生活環境をつくることの大切さが分かり，自分たちで整えようとする気持ち（必要感）がもてるようにし，場の整え方を理解することが必要である（ねらい③）。
　集団であることのよさを生かし，互いに育ち合える関係をつくることも「自分たちで」生活する場を整える習慣を形成していくことにつながる。

> 内容⑨　自分の健康に関心をもち，病気の予防などに必要な活動を進んで行う。

　遊びや生活の中で起こるけがや病気，健康診断などから，幼児なりに自分の体を大切にすることの大切さに気付かせること，またそのために必要な手洗いやうがい，歯みがきなどの対策を自ら進んで行おうとする態度を育てることが必要である。
　幼児は身体測定で大きくなったことに喜びを表したり，乳歯が抜けることを誇らしく報告したりする。また，風邪をひいて休んだ友達を心配したり，転んで痛い思いをしたり，けがをした友達の手当てにつきそうこともある。手洗いやうがいの必要性はもとより，このような機会を通して自分の健康への関心を高め，予防する態度を身に付けていくようにする。

> 内容⑩　危険な場所，危険な遊び方，災害時などの行動の仕方が分かり，安全に気を付けて行動する。

　幼児が自ら健康で安全な生活をつくるためには，状況に応じて安全な行動がとれなければならない。園の中の危険な場所や危険な遊び方，使い方などを理解し，安全に気を付けて行動するためには，危険な状況や対応の仕方が「分かる」こととそれに応じた行動が「できる」ことの両方が必要となる。日常的な丁寧な関わりによって理解させる（分かる）よう指導することが大切である。また頭で理解していても対応できないこともある。対応の「できる」体は，十分に体を動かして遊ぶ中で（内容②）体験を通

して身に付けられる。動きの獲得（第3章）はこのような安全能力とも密接に関連していることを理解しておくことも必要である。

危険な場所は園内に限ったことではない。登降園などでの交通安全や災害時の行動の仕方，犯罪等から身を守る対処の仕方なども家庭との連携を図りながら，長期的な見通しをもって計画的に指導することが必要である。

3）領域「健康」の内容の取扱い

内容の取扱いは，「幼児の発達を踏まえた指導を行うに当たって留意すべき事項」で，「保育者が指導や援助，配慮すべきこと」が示されている。

ここでは6つの項についてキーワードを中心に配慮点を整理する。

①　意欲を育て「しなやかな心と体」の発達を促す

「しなやかな」とは，竹や鞭のように折れずにすぐに元に戻るようなイメージで，柔軟かつ強靭で，持続性があり，回復力のあることをいう。すなわち，しなやかな体とは，場に応じて体の動きを調整したり柔軟に対応できたり，粘り強く取り組み継続して続けられたり，疲れても休んでまたすぐに回復できる体をいい，しなやかな心とは，状況に応じて対応できたり，困難に遭遇しても前向きに粘り強く取り組めたり，嫌なことがあっても引きずらずに気持ちを立て直せる心をいう。このような心と体の発達を促すよう配慮して関わることが大切である。

②　「多様な動き」の経験

本章「2（3）領域健康の改訂点3）多様な動きの経験」でも触れているが，乳児保育から記載がみられる動きに関しての配慮事項が示された。「多様な動き」（第3章）は様々な遊びや生活の中の経験を通して結果として身に付くことに十分注意する必要がある（第6章）。

③　自然の中での活動と動線への配慮

自然環境や戸外環境での経験がもつ意味を十分に理解し，それぞれの特性を生かした環境の構成に配慮する。子どもの思いや興味を理解し，空間のあり方や遊具等の配置を工夫することで多様な動きを引き出すとともに，子どもが自己発揮し満足感や達成感を味わうことにもなる。

④ 食育を通じた望ましい食習慣の形成

食べることに対する喜びや意欲を育てること，一緒に食べる楽しさを味わうこと，食べ物に対する関心を高めることへの配慮が必要である。

⑤ 基本的な生活習慣の形成と見通しをもった行動

一日の流れの中で必要感をもって行えるようにすることが大切である。単に行動様式としてパターン化して行うことではなく，「自分で」やろうという気持ちを支えながら自律的に行えるようにすることで見通しをもって行動することができるようになる。

⑥ 「安全についての構え」を身に付ける

「安全についての構え」を身に付けるとは，「幼児が自分で状況に応じて機敏に体を動かし，危険を回避するようになることであり，安全な方法で行動をとろうとするようになることである」[1]。危険や安全に対する理解を促し，幼児が自分でその対応ができるように遊びや生活を通して身に付けていく。交通安全指導や避難訓練なども重要な保育内容として位置づけられている。

4．一人一人の発達の理解に基づく評価

保育における評価は，子ども一人一人の良さや可能性，育ちに対して行い，学習の成果や目標に対する評価や他児と比較して行うものではない。

各領域にはねらいおよび内容が示されているが，内容は前述した通り，「ねらいを達成するために指導する事項」であると同時に「子どもが経験する事項」である。したがって，評価は保育者の指導に対する評価と子どもの発達や育ちの理解の両面から行う。子どもにとってふさわしい経験ができなかったということは，保育者の指導に課題があったということである。子どもの遊びや生活の実態や発達に対する理解はもとより，指導の過程全体を通してねらいや内容が適切であったか，環境の構成が適切であったか，必要な援助が行えたかなどを振り返り，課題を明らかにし，指導計画の改善につなげていく。

また評価は主観的になりがちであるが，なぜそのような評価に至ったか

の「なぜ」の部分を記録や他の保育者の視点も交え，多角的に評価していくことで，自分の見方や考え方を客観視するよう努めていくようにする。

 まとめの課題

1．子どもの遊んでいる姿を出し合い，その姿から「幼児期の終わりまでに育ってほしい姿」を考えてみよう。
2．食に関する指導について，食べ物に関する関心を高めるためにはそれぞれの時期でどのような関わりが考えられるか話し合ってみよう。

引用文献
1）文部科学省：幼稚園教育要領解説，2018
2）杉原隆・河邉貴子：幼児期における運動発達と運動遊びの指導，ミネルヴァ書房，2014，pp.31-44
3）宮丸凱史：子どもの運動・遊び・発達：運動のできる子どもに育てる，学研教育みらい，2011

第9章 領域「健康」をめぐる現代的問題

📖 予習課題

1. 乳幼児期の子どもについて、気になる姿を挙げてみよう。また、どのような点が気になるかその理由について考えてみよう。
2. 1.で挙げた姿は「健康」とどのように関連しているか、話し合ってみよう。

1. 家庭との連携と子育ての支援

幼稚園教育要領では、「連携」と「支援」は区別される[1]。領域「健康」に関し、連携と支援それぞれについて考えてみたい。

(1) 領域「健康」における家庭との連携

「連携」とは、家庭と園との相互の助け合い、協力である。保護者に園の教育方針を理解してもらい、必要に応じて助けてもらうことをいう[1)2)]。

領域「健康」では、清潔、衣服の着脱、排泄という生活習慣の形成のほか、食事、睡眠、運動（遊び）を含む健康に関わる生活リズムを確立することが大切である。近年、乳幼児の睡眠不足や夜型、食の乱れや戸外遊びの減少などに関わる生活習慣の未形成など様々な問題が指摘されている。領域「健康」では「基本的な生活習慣の形成に当たっては、家庭での生活経験に配慮し、幼児（子ども／園児）の自立心を育て、幼児（子ども／園児）が他の幼児（子ども／園児）と関わりながら主体的な活動を展開する中で、

生活に必要な習慣を身に付け，次第に見通しをもって行動できるようにすること（内容の取扱い⑤）」（p.105, 表8-1参照）とあるが，園だけで生活習慣を形成したり，生活リズムを確立させていくことはできない。「家庭や地域での幼児の生活も考慮」することが必要で（幼稚園教育要領第3章教育課程に係る教育時間の終了後等に行う教育活動などの留意事項1（2）），「家庭との緊密な連携を図るようにすること。その際，情報交換の機会を設けたりするなど，保護者が，幼稚園と共に幼児を育てるという意識が高まるようにすること」（同1（3））が大切である。このように家庭と連携した子どもにとって矛盾のない生活の中で，規則正しいリズムの形成を図っていく必要がある。また，病気やけが，災害時の連絡体制や引き渡し方法についても日常的な連携を図り，必要な協力が得られるようにしておくことが大切である。

このような連携には保護者の理解が必要である。園からのおたより等の通信のほか，保育参観や保護者会などの機会を通してこれらの大切さを伝えるなどし，保護者の啓発を図っていくことも園や保育者の役割である。

（2）子育ての支援

「支援」とは，家庭での子育てに対する支援で，情報提供や保護者同士の話し合いの場を設けたり，悩みを聞くことなどが含まれる[1][2]。

子どもへの関わり方や子育てに対して悩みや不安を感じている保護者もいる。このような保護者に対して思いを受け止めたり，子育てについて学ぶ機会を作ったり，喜びを共感したりすることは支援の一助となる。

単に家庭と連携をとるだけでなく，育児不安の解消や児童虐待予防のために行う保護者への支援も園や保育者の役割である。園と保護者，また保護者同士のつながりを深めていく中で多様な活動や支援が可能になっていく[1]。

2．領域「健康」と小学校学習指導要領との関連

（1）幼児期の運動指導の問題点

　体を使った遊びは領域「健康」の内容と関連が深い。幼児の運動能力の低下が指摘されている中，早期からの専門的な運動指導をしているという園が多くある[3]。また，小学校への進学（就学）に向けて逆上がりや前転などの習得を目指した指導も一部では行われている。

　しかしこれまでの研究から，このような運動指導を多く行っている園の方が，特別な運動指導を行っていない園よりも運動能力が低いことが明らかにされている[4]。大きく以下の3つの問題点を理由として，このような運動指導は幼児期にはふさわしくないのである。

　第一に，子どもの遊びになっていないということである。あらかじめ決められた指導内容においてはその活動を行うことが目的として行われる。活動中心，指導者主導で行われ子どもの興味とはかけ離れたものになる。幼児教育の基本は遊びを通しての指導であることを再確認したい。第二に，運動発達に貢献していないということである。指導場面では整列し，説明を聞き，待ち時間が長くなるなど十分に体を動かしているとは言い難い場面が多く見受けられる。また特定の運動指導を行うことは，その運動で経験する動きに偏り，多様な動きの経験にはなり得ない。実際に，遊びとして取り組んでいる方が多様な動きがみられ，運動能力も高いことが明らかにされている[5]。このように運動発達からみても効果的とはいえないことが問題である。第三に，遊びとして行われない指導では，心の育ちに弊害をもたらす危険性があるということである（第6章）。特定の運動指導では決められたやり方を指導されることが往々にしてある。そうなると評価の観点が限られ，決められたやり方でできた，できないの評価がなされる。このような評価により子どもが無力感を形成してしまうことが最大の問題といえる。

子どもの運動発達を期待しての運動指導もやり方によっては全く意味のないものであるどころか弊害となってしまう。遊びとしての運動であることが最も重要かつ効果的であることを確認しておきたい。

(2) 運動遊びにおける小学校とのつながり

幼児期の運動指導として，小学校への進学（就学）に向けて逆上がりや前転などの習得を目指して行う特別な指導がふさわしくないことは前項で述べたが，その理由は小学校への接続からも説明できる。

表9-1は小学校体育低学年の目標および内容のうち，体を動かすことに関する記述を抜粋したものである。幼児期は体を使った遊び（運動遊び）を通して「多様な動きを経験する」が（第8章），小学校低学年体育の目標は，「基本的な動きを身に付ける」ことと，「意欲的に運動する態度を身に付ける」ことである。また内容は「運動」ではなく，すべて「運動遊び」となっている。

低学年体育の「基本的な動きを身に付ける」ようにするとは，運動種目として成立する以前の基本的な動きを様々な運動遊びを通して身に付けることを示している。またこの目標は，それぞれの運動遊びの楽しさに触れ

表9-1　小学校学習指導要領「体育」

	〔第1学年及び第2学年〕
目標	(1) 各種の<u>運動遊びの楽しさに触れ</u>……基本的な動きを身に付けるようにする。 (3) 各種の<u>運動遊びに進んで取り組み</u>……意欲的に運動をする態度を養う。
内容	A　体つくりの運動遊び 　(1) 次の<u>運動遊びの楽しさに触れ</u>，その行い方を知るとともに，<u>体を動かす心地よさ</u>を味わったり，基本的な動きを身に付けたりすること。 　　ア　体ほぐしの運動遊びでは，…… 　　イ　多様な動きをつくる運動遊びでは，体のバランスをとる動き，体を移動する動き，用具を操作する動き，力試しの動きをすること。 　(2) 体をほぐしたり多様な動きをつくったりする遊び方を工夫するとともに，…… B　器械・器具を使っての運動遊び／C　走・跳の運動遊び／D　水遊び／ E　ゲーム／F　表現リズム遊び

（下線部筆者）

るようにすることを大切にしながら，基本的な動きを身に付けることを重視したものである。マットでの前転や鉄棒での前回り下り，補助逆上がりが要領解説で例示されているのは「中学年」である[6]。すなわち，小学校に入るまでにこれらを身に付けることは必須の課題ではないのである。幼児期には体を動かす楽しさ，様々な運動遊びの楽しさを十分に経験し意欲を育てること，そしてその結果，多様な動きを身に付けることが小学校へのスムーズな接続となる。

（3）小学校への見通し──小学校教育との接続

2017（平成29）年改訂（定）の幼稚園教育要領等では，幼児期の教育と小学校教育との円滑な接続を意図し，幼児期の終わりまでに育ってほしい姿が示された。これは5歳児後半に見られる姿であると同時に小学校入学時の姿でもある。つまり，小学校でも共有される姿である。2017年改訂の小学校学習指導要領では，第1章総則に以下のように示されている。

> 第1章総則　第2節教育課程の編成　4学校段階等間の接続
> （1）幼児期の教育との接続および低学年における教育全体の充実
> 　幼児期の終わりまでに育ってほしい姿を踏まえた指導を工夫することにより，幼稚園教育要領等に基づく幼児期の教育を通して育まれた資質・能力を踏まえて教育活動を実施し，児童が主体的に自己を発揮しながら学びに向かうことが可能となるようにすること。また，低学年における教育全体において，例えば生活科において育成する自立し生活を豊かにしていくための資質・能力が，他教科等の学習においても生かされるようにするなど，教科等間の関連を積極的に図り，幼児期の教育及び中学年以降の教育との円滑な接続が図られるよう工夫すること。特に，小学校入学当初においては，幼児期において自発的な活動としての遊びを通して育まれてきたことが，各教科等における学習に円滑に接続されるよう，生活科を中心に，合科的・関連的な指導や弾力的な時間割の設定など，指導の工夫や指導計画の作成を行うこと。
>
> 　　　　　　　　　　　　　　　　　　　　　　　　（一部抜粋，下線部筆者）

このように小学校では，ゼロからのスタートではなく，幼児期を通して育まれてきた力を生かしながら，さらにその力を発揮していくことになる。「生活科を中心に」とあるが，各教科（国語，算数，生活，音楽，図画工作，体育，特別活動）の「第3　指導計画の作成と内容の取扱い」において

も「幼稚園教育要領等に示す幼児期の終わりまでに育ってほしい姿との関連を考慮すること」と記されており，幼児期の教育と小学校教育とのカリキュラムの接続が目指されている。特に，特別活動は，「基本的な生活習慣の形成」「心身ともに健康で安全な生活態度の形成」「食育の観点を踏まえた学校給食と望ましい食習慣の形成」などを扱う教科で，領域「健康」とも関連が深い。

このことから，保育者は幼児期だけに目を向けるのではなく，小学校教育との接続を見据え，見通しをもってそれぞれの時期の子どもの姿を捉えながら関わっていくことが求められる。

3．領域「健康」の指導における保育者の役割

（1）保育者の役割

幼稚園教育要領等には幼児の主体的な活動を促すために，保育者は活動の場面に応じて次のように様々な役割を果たし，適切な指導を行うことが示されている。

・心の拠り所としての役割　・よき理解者としての役割
・共同作業者としての役割　・憧れを形成するモデルとしての役割
・遊びの援助者としての役割

幼児教育は環境を通して行うものである。保育者は子ども一人一人の特性や発達過程を踏まえ，具体的なねらいおよび内容を設定して計画的，意図的に環境を構成し，子どもの発達に必要な経験が積み重ねられるようにしなければならない。これらの役割はそれぞれ独立した形で行われるのではなく，場面や状況，子どもの姿に応じて複合的なものとして直接的，間接的になされていく。子どもを多角的な視点から捉えるとともに，乳幼児の発達の特徴を十分理解して関わっていく必要がある。

では領域「健康」のねらいに関わる保育者の役割はどのようなものだろうか。

(2) 生活習慣の形成における役割
——見通しをもって行動するために

　幼児期の終わりまでに育ってほしい姿（幼児教育において育みたい資質・能力）の「健康な心と体」は、「充実感をもって自分のやりたいことに向かって心と体を十分に働かせ（学びに向かう力，人間性等），見通しをもって行動し（思考力，判断力，表現力等の基礎），自ら健康で安全な生活をつくり出すようになる（知識及び技能の基礎）」ことである。自ら健康で安全な生活をつくり出す力を養うためには，保育者が指示して行わせるのではなく，子ども自身が何のためにどのように行うのかを理解し，判断し，見通しをもって取り組むことが必要である。

　園での遊びや生活の中で，その流れややり方を理解することで子どもは自分なりに見通しをもって進んで行おうとするようになる。特に生活習慣に関わることは毎日の生活の様々な場面で行われる。保育者は，子どもの発達に応じて分かりやすいよう視覚的に示したり，丁寧に繰り返し伝えたり，時には保育者が一緒に行ってみるなどしてそれらの理解を促していく。そして子どもたちが安定した状態で取り組めるよう環境を整え，活動や時間の流れを伝えながら見通しをもって取り組めるようにしていく。

　このように保育者は「心の拠り所として」の役割や「よき理解者として」の役割，「共同作業者として」や「憧れを形成するモデルとして」など様々な役割を果たしている。

(3) 体を使った遊びにおける役割

　子どもの遊びについては，戸外遊びや体を使った遊びの減少，遊び友達や異年齢との関わりが減少しているなどの実態がある。園での活動では，クラスや学年だけでなく，学年の枠を超えた異年齢の子どもたちがお互いに関わる環境を工夫していくことが大切である。直接的な交流でなくても，相互に見合えるような配慮により，真似たり憧れをもったりすることもある。場合によっては，保育者自身が少し年上のお兄さん，お姉さんと

して遊び仲間に加わることもその役割の一つといえる。そのために保育者は、多くの遊びについて豊富な知識をもっているとよい。遊び方やものの使い方だけでなく、遊具の種類や場の使い方など知っていることで、子どもの特性や発達に応じた環境の構成や遊びの提案、援助が可能になる。

このように保育者は「共同作業者として」の役割や「遊びの援助者として」の役割とともに子どもたちの憧れの存在（憧れを形成するモデル）としての役割を果たしている。

（4）生活場面での体を動かす機会の確保——日常の生活の中の動き

幼児期運動指針[7]では、「幼児は様々な遊びを中心に、毎日、合計60分以上、楽しく体を動かすことが大切です」とされている。ここでいう「体を動かすこと」とは、ボールやなわを使った運動的な遊びだけでなく「散歩や手伝いなど生活の中での様々な動きを含めます」とある。たとえば、階段とエスカレーター（上る、下りる）、遊具の運搬（運ぶ）、靴の脱ぎ履き（立位と座位）など、生活場面においては様々な動きを経験する機会がある。このような生活場面における体を動かす機会を捉え直すことで、日常の生活の中で習慣的に繰り返し様々な動きの経験がなされることになる。このような視点からの環境の構成を行うことで体を動かす機会を確保する工夫も必要である[8]（第6章）。

（5）健康観察と安全管理

学校保健（保健教育、保健管理）と学校安全（安全教育、安全管理）は法的根拠に基づく教職員の責務である。

健康観察は子どもの心身の健康状態を把握したり、感染症などの予防においても欠かせないものである。登園時や保育中などの機会にポイント（体に現れるサイン、行動態度に現れるサイン、対人関係に現れるサイン）を押さえて子どもの様子を日常的に把握する。

また、事故や災害、不審者、アレルギー、熱中症などについては園で作成した危機管理マニュアルに従い、予防のみならず発生時の対応、事故の

対応について迅速かつ的確に対応できるようにしておくことが重要である。また，類似した重大事故が繰り返し発生している例があり，園内で起こる事故については過去の事例を参考にどのような場面でどのような事故が発生しているか認識しておくことも大切である。

まとめの課題

1．保育者が子どもに関わる場面から，保育者はどのような役割を果たしているか考えてみよう。またその場面において，その他の役割の可能性について話し合ってみよう。
2．日本スポーツ振興センターの学校事故事例検索データベースから，「被災学校種」を幼，保，幼連で検索すると380件がヒットする（2019年4月現在）。実際にどのよう重大事故が発生しているか調べてみよう。また，どのような対策や注意が必要か考えてみよう。
学校安全Web（https://www.jpnsport.go.jp/anzen/Default.aspx?TabId=822）

引用文献
1）無藤隆：幼稚園教育要領ハンドブック2017年告示版，学研教育みらい，2018
2）汐見稔幸：保育所保育指針ハンドブック2017年告示版，学研教育みらい，2018
3）吉田伊津美・杉原隆・森司朗：幼稚園における健康・体力づくりの意識と運動指導の実際，東京学芸大学紀要総合教育科学系，58，2007，pp.75-80
4）杉原隆・森司朗・吉田伊津美：幼児の運動能力発達の年次推移と運動能力発達に関与する環境要因の構造的分析，平成14～15年度文部科学省科学研究費補助金（基盤研究B）研究成果報告書（研究課題4380013），2004
5）杉原隆・吉田伊津美・森司朗・中本浩揮・筒井清次郎・鈴木康弘・近藤充夫：幼児の運動能力と基礎的運動パターンとの関係，体育の科学，61（6），2011，pp.455-461
6）文部科学省：小学校学習指導要領（平成29年告示）解説 体育編，2017
7）文部科学省：幼児期運動指針，2012
8）スポーツ庁：幼児期の運動に関する指導参考資料［ガイドブック］第二集，2016

第10章 指導案作成から保育へ

📖 予習課題

　これまでの学びを保育現場で活かすためにはどうすればよいのだろうか。この章では，実際の現場で行われている，指導計画や教材研究・評価などについて学ぶ。そこで，予習課題として次について考えてみよう。
　子どもは園生活の中で
1．どのような食育活動をしているのだろうか
2．健康・安全について保育者のどのような援助で，どのようなことを学んでいるのだろうか

1．年間指導計画，指導案の作成と保育の展開

(1) 指導案① 年間食育計画

　食育に関する年間指導計画（年長クラス）の一例である。一年間の生活の中で，年長児として経験を深めたい，広げていきたい目標が「年間目標」「ねらい」として，目標に関係した各月の具体的な活動が「活動」「行事食」として示されている。
　たとえば，年間目標の2番目「栄養素について知り，バランスよく食事をとる大切さを知る」に関連した具体的な活動としては，6月の「体の仕組みを知り，食べ物の役割を知る」，10月の「レストラン（バイキング給食）」，11月の「栄養士さんに聞いてみよう」，12月の「栄養士さんからの挑戦状」，2月の「リクエスト給食の献立を考える」といった内容が挙げ

られている。このように，保育者の意図のもと計画された様々な活動に親しむことを少しずつ重ねながら，「バランスよく食事をとることの大切さ」について子どもが考える姿が見られるようになってくる。

2018年度　〇〇〇幼稚園　年長児 食育年間計画			
年間目標	・栽培を通して，収穫の喜びや食べることの楽しさを経験する。 ・栄養素について知り，バランスよく食事をとる大切さを知る。 ・保育者や友達と食べることを楽しみながら，食事中のマナーを守るようになる。 ・行事と食，季節と食の関係を知る。		
	ねらい	活動	行事食
4月	・保育者や友達と楽しく食べるためにマナーがあることを確認する。 ・苦手な食べ物にも挑戦してみる。	みんなで楽しく給食を食べることを喜ぶ	
5月	・旬があることを知る。 ・自分たちで野菜を栽培する中で，成長に興味を持ったり，愛情をこめて育てようとしたり，収穫を楽しみにしたりする。	夏野菜栽培 びわの収穫	端午の節句
6月	・年少児の給食の手伝いをすることで，食事をとる際の準備について知るとともに，食事中のマナーなどを再確認し，教えようとする。 ・元気な体を作るために食事が大切なことを知る。	年少組へ給食のお手伝い 体の仕組みを知り，食べ物の役割を知る	
7月	・自分たちで育てた野菜の収穫を喜び，食べ物への感謝とともに味わう。 ・調理活動を経験し，食事を作ることへの興味を持つ。また，食事を作る際には様々な手順があることを知る。 ・キッチン用具の使い方を知る。 ・食事を作ってくれる人への感謝の気持ちを持つ。	夏野菜収穫 カレークッキング（お泊り保育）	七夕
8月		スイカ割り（夏季保育）	
9月	・伝統行事を通して日本の習慣を知り，友達と楽しく作ったり，食べたりする。 ・祖父母との食事会を通して，世代間交流を図り楽しく過ごす。	お月見団子作り レストラン（祖父母参観）	お月見
10月	・バランスよく選んで食べることを知る。 ・いつもとは違う環境での食事を楽しむ。 ・秋の収穫を楽しむ。	レストラン（バイキング給食） 芋ほり遠足	

11月	・食べ物と健康との関わりについて知る。 ・体と食べ物（三大栄養素）の関係を知る。 ・給食の献立に興味を持ち，バランスのとれた食事をとることに関心を持つ。	栄養士さんに聞いてみよう （栄養素の話を聞く）	
12月	・実際の食べ物が，自分の体にどのような役割をしているのかを知る。	栄養士さんからの挑戦状 （食べ物クイズ）	冬至・クリスマス
1月	・日本の伝統行事に触れ，由来を知ったり，生活の知恵などを知る。	もちつき	もちつき・七草がゆ
2月	・バランスのとれた食事に関心を持ち，自分たちでメニューを考える。	リクエスト給食の献立を考える	節分
3月	・保護者と一緒に食べることで，たくさん食べて大きくなろうと思ったり，大勢の人と楽しく食事をすることを喜ぶ。 ・自分たちの考えた献立が，実際の給食となったことを喜び，食べる。 ・給食を作ってくれていた方に感謝の気持ちを持つ。	レストラン（保護者参観） リクエスト給食 お別れ給食会	ひな祭り

写真10-1　栄養士さんに聞いてみよう

（2）指導案②　食育部分計画

　子どもがより深く「バランスよく食事をとる大切さを知る」ためには，保育者の指示に従い半ば強制的に体験させられたような活動ではなく，子ども自身が興味や関心を高め，子どもの主体的な活動としての経験が深まり，広がっていく必要がある。実際の保育場面を想定し，環境構成，活動の展開，援助のポイント等について具体的に検討した指導計画が次の部分

指導案である。

　指導案では,「栄養バランスを考えて食事を食べる大切さを知る」というねらいのもとに,「主食」「主菜」「副菜」の3種類をバランスよく子どもが選ぶ活動が想定されている。保育者の援助として,「3か所（食べ物の仲間分け→栄養バランス）から,それぞれ食べたいものをもらうことを伝える」とあるが,副菜のミニトマトや人参を嫌う（嫌いなので選ばない）子どもが少なからず出てくることも十分想定されるので,その場合の保育者の援助にはどのような手立てが考えられるかを予想し,指導案に落とし込んでおくことを検討してもよい。

　このように,指導案は,園としての目標（年間指導計画）に向けて遊び（子どもの主体的で対話的な学び）を深め,広げていくための具体的な構想という位置づけを担っている。実際の保育場面では,指導案通りに綿密に実施するというよりは,子どもの状況に併せて柔軟に指導を変更していく対応力が求められることも少なくないが,その方向性は,園の全体的な計画や本時のねらいに添う方向で考えられることが望ましい。

〈日付〉10月12日（金）11：15～13：20	〈対象クラス〉すみれ組（5歳児）　在籍31名（男児16名・女児15名）
〈活動名〉みどりレストラン（バイキング給食）　＊3歳児,4歳児との縦割り保育	

〈ねらい〉
・栄養バランスを考えて食事を食べる大切さを知る。
・いつもと違う環境の中での食事を楽しむ。
・3学年が一緒に食べることで,ルールやマナー,会話する力を養う。

時間	環境構成	子どもの活動・予想される子どもの姿	保育者の援助
11：15		・空の弁当箱を持ち,3歳児ひよこ組に移動する。 ・クラスごとに並び座る ・みどりレストランについての話を聞き,楽しみにする。 ・縦割りの3人組をつくり,自己紹介をする。	・弁当箱忘れがいないか確認する。 ・弁当箱が汚れないようきちんと持つことを伝える。 ・今日の1日の流れを説明する。 〈担当〉 ・クラス…○○,○○ ・配膳準備…○○,○○ ・3人組になっているか確認しながら5歳児から自己紹介をする姿を見守る。

時刻	環境構成	子どもの活動	保育者の援助・留意点
11：30	〈バイキングルーム〉 ろうか ピアノ／主菜／副菜・フルーツ／主食／テラス	・バイキングルームに移動	・メニューの紹介をする。 ・3か所（食べ物の仲間分け→栄養バランス）から，それぞれ食べたいものをもらうことを伝える。
	献立 主食…わかめおにぎり・サンドイッチ 主菜…唐揚げ・ウインナー・フライドポテト 副菜…ミニトマト・ボイル人参 フルーツ…ミカン・ブドウ・バナナ 野菜ジュース	・自分の食べたいもの，食べられる量を伝え，オリジナルのお弁当をつくる。 ・3歳児や4歳児の様子を見ながら，一緒に園庭に出てブルーシートの上に座る。	・一人一人に，食べたいもの，食べられそうな量を尋ね配膳する。 ・スムーズに座れるように空いている場所を伝え，誘導する。 〈担当〉 ・全体進行…○○ ・おかわり配膳…○○，○○ ＊まんべんなく保育者がいるように座る
12：00	〈園庭〉 園舎／テラス／ブルーシート／固定遊具／砂場 (子) 3人組で好きなところにすわる	◎みどりレストラン開店 ・いただきます ・3歳児や4歳児に，かっこいいところを見せようと，いつも以上にはりきって食べる。 ・落としたり，こぼしたりする友達の世話をする。	・みんなで一緒に，園庭（戸外で）食べることの楽しさを共感する。 ・いつも以上に食べている子どもたちをほめる。 ・子どもたちの様子を見計らい，おかわりの声をかける。
12：40		・ごちそうさまでした。 ・残飯やごみを片付け，お弁当箱の蓋を閉める。 3歳児や4歳児のお弁当の蓋を閉めてあげる。 ・お弁当をもって，ホールに移動	・残飯やごみを集める。 ・小さい友達のために頑張る姿をほめる。 〈担当〉 ・ホール（エプロンシアター）…○○ ・片付け…○○，○○
13：00	〈ホール〉 ピアノ／保育者 ○○○ ○○○ ○○○ 3人組ですわる	・エプロンシアターを見る。	・エプロンシアター"なんでも食べて元気いっぱい" ・たくさん食べられたことが感じられるような言葉をかけたり，みんなで一緒に食べることが楽しいこと，食事には元気の源があることを伝える。

13：20		・一緒に食べてくれた友達に感謝の気持ちを伝える。 ・それぞれのクラスの保育室に戻る	・お互いに，ありがとうの気持ちを伝えるよう声をかける。 ・忘れ物の確認をし，保育室に戻る

〈評価の観点〉
・栄養のバランスを考える子どもの姿が見られたか。
・食事場面で異年齢間の交流を楽しめていたか。
・栄養バランスに子どもの興味や関心を高めるような環境構成，援助がなされていたか。

写真10-2　どれにしますか　写真10-3　オリジナル弁当

写真10-4　みんなで食べるとおいしいね

(3) 指導案③　部分指導計画

　運動遊びの部分指導計画例を挙げる。
　指導案を構想する際は，クラス・学年などの集団としての特徴や個々それぞれの育ちの過程，子どもが関心を持っている事柄などの情報を整理し，現状把握を丁寧に行うことが大切である。指導は子どもの姿から出発することが基本であり，その現状把握が誤っていると，適切な環境構成や援助が困難なものとなってしまう。
　子どもの姿をもとに，全体的な計画や教育課程を踏まえ，発達段階を考慮し，経験してほしいこと，育ってほしいことを「ねらい」とする。活動の「内容」は，ねらいを具体化したもので，子ども自身が経験する内容で

ある。したがって，指導案に記述する際の主語は子どもである。遊びとの連続性や季節・行事等を考慮することも重要である。

　環境構成では，様々な環境を活かし子どもが関わりたくなるような工夫を心がけたい。保育者の援助には，構成された環境下での子どもの姿を予想し，その姿に対して，保育者としてどのように援助するのかを具体的に詳細に記すことが必要となる。その際，一人ひとりの思いに応えられるよう，柔軟な対応ができるように想定しておくことが望ましい。

〈日付〉11月15日（木）10：20～11：40		〈対象クラス〉れんげ組（5歳児）　在籍32名（男児17名・女児15名）	
〈ねらい〉 ・ドッジボールを通して，友達とルールのある遊びを一緒に楽しむだけでなく，協力することの大切さ，相手を認めること，最後まで頑張ろうとする気持ちを高める。 ・戸外で体を動かして遊ぶ楽しさを味わう。		〈内容〉 ・クラスの友達とドッジボールを楽しむ ・戸外で遊ぶ（一輪車や鉄棒，太鼓橋，縄跳びに挑戦する・リレーごっこ・小型遊具を使って遊ぶ・砂場遊びなど）	
時間	環境構成	子どもの活動	保育者の援助
10：20	・事前に，園庭にドッジボールの枠をかいておく（子どもたちが遊びやすい広さの枠をかく） ・必要なものは，子どもの手に取りやすいわかりやすい場所に置いておく。 現時点でのルール ・当たったら，外野に出る。 ・外野で当てたら，元外野以外は戻れる。 ・元外野は，時間で戻る。 ・頭に当たった場合，ワンバウンドボールで当たった場合，膝より下に当たった場合はセーフ	○誘い合って園庭に行く。 ・自分たちでボールを選び，持ってくる。 ○2チームに分かれる（帽子で色分けをする）。 ・元外野を決める（ビブスをつける） ○ゲームをはじめる。 ・先行をじゃんけんで決める。 ・必死に逃げたり，ボールをキャッチし相手に当てようとする。 ・外野で相手に当て，内野に戻ろうと頑張る。 ・チームの仲間に声を掛け合い喜んだり，励ましたりする。	・ドッジボールをやりたい子どもたちの気持ちを受け止め，戸外遊びのはじめはクラス全員でドッジボールをやることを提案する。 ・どのようにチームを分けるかを子どもに投げかけ，人数に偏りがないようにする。 ・ルールの確認をする。 ・審判をしながら，対戦を見守る。 ・トラブルになりそうなときは，子どもたちの意見を聞きながら，どうしたらよいかを一緒に考えていく。 ・明らかに危険なことをしたときや自分勝手なルールを押し付けようとしたときは，はっきりと伝える。 ・工夫をして投げ，当てようとする姿をほめる。 ・アウトを認めない子，負けて悔しがる子，思うようにいかずにイライラしてい

時刻		環境構成	予想される子どもの活動	保育者の援助と配慮事項
		・コートの線を踏んだら，相手ボール（約束）とったらすぐ投げる		る子には，共感しながら，ルールがあるから楽しめていること，友達の気持ちを考えられるよう声をかける。

・キャッチしたり，投げたりすることが苦手で必死に逃げ回っている子に対しては，逃げ切れたこと，頑張って逃げていた姿をほめ，自信につながるようにする。 |
| 10：50 | | | ○ゲーム終了
・内野・外野それぞれ並び，内野の数を数え勝敗を決める。
・勝ったことを喜ぶ。
・負けた場合は，チームの仲間と話し合い作戦を考える。 | ・一緒に数を数えながら，内野の多いほうはどちらかを確認しながら勝敗を決める。

・負けたとしても誰かのせいにせず，みんなで力を合わせて，それぞれの良さを認め合いながら，作戦がたてられるようにする。 |
			・引き続きドッジボールを楽しむ子，違う遊びに行く子，新たにドッジボールに参加する他クラスの子がいる	
			○戸外で好きな遊びをする ・ドッジボールは新たにゲーム開始 ・一輪車や鉄棒，太鼓橋，縄跳びに挑戦する ・リレーごっこ ・小型遊具を使って遊ぶ ・砂場遊び（トンネルつくり）	・途中から入ってきた子には，ルールの変更があれば伝える。 ・他の保育者に審判を変わってもらい，ドッジボール以外の遊びをしている子どもたちと一緒に遊ぶ。 ・一輪車は，まだ乗ることが難しい子がいるので，手を貸す。ケガにも注意する。 ・挑戦する姿を認めながら，できたことを一緒に喜ぶ。 ・遊びの活動範囲が広がってきているので，動線に気を付ける。特に，リレーやなわとび，一輪車が始まったときは，周りの子どもにぶつからないように，様子を見守る。
11：40			○片づけをする。 ・ボール等遊んでいたものを所定に位置に戻す。 ・保育室に戻る	・協力して片付けている姿をほめる。 ・片付け忘れがないか確認しながら，片付けた子どもから保育室に戻るよう声を

			・手洗いうがいをする	かける。 ・丁寧に手洗いうがいをする姿をほめる。 ・水場が濡れていたら，拭くよう声をかける。 ・子どもの様子に合わせて，汗の始末や，水分補給，衣服の調節・着替えなど，声をかける。
			・水筒の水を飲む。	・子どもたち全員が保育室に戻ってきているか確認する。

〈評価の観点〉
・友達と協力する姿，友達を認める姿，最後までがんばろうとする姿が見られたか。
・友達の気持ちを考えられるような適切な言葉かけができていたか。
・がんばろうとする子どもの姿を認め，みんなで共有できるような場面を持つことができたか。

2．教材研究，ICTの活用

(1) 教材研究と環境構成

　保育用語辞典[4]を調べると，「教材とは，幼児の成長を支えるために媒体となる，物や状況，事柄を含む。教育課程や保育課程，指導計画と密接な関係を持つ。教材はハード面での園具・教具のようなものもあるが，ソフト面で，ゲームや歌，詩，行事も教材である。園庭の木や落ち葉，風や光などの自然環境も教材となりうる。様々な材料や素材を幼児の発達にふさわしいものとして整えるために教材研究を行う」とある。つまり，子どもたちの身近にある環境のすべてが教材であるといえる。そのためにも，それぞれの持つ教育的価値を検討し，保育の中で有意義に生かしていくことが求められる。

事例10-1　使われていない固定遊具

　園庭の中心に上り棒があるが，近寄ったり，触ってみたりして遊んでみようとする子どもはいるものの，なかなか遊びにつながらない。そこで，登ってみたいと思えるよう，棒にカラーテープを貼ってみた。はじめこそ，興味を持つ子どもがいたが徐々に遊ぶ子どもの姿が見られなくなった。登るという動きが難しいのではないかと考え，縄を写真10-5のようにつけた。すると，縄を助

けに，登る姿が見られるようになった。

　登り棒で遊ぶ子どもが増えたが，縄部分を横歩きする姿が多くみられ，遊びが停滞してきたので縄をはずした。

　すると，登ろうとする姿（写真10-7）だけでなく，以前は見られなかった，棒のてっぺんを目指す姿（写真10-8）や，もともとあった，縄の輪の部分と，結び目の部分を絡ませブランコを作り遊びだす子どももいた（写真10-9）。

　この事例では，登り棒でも達成感を得たり遊んでほしいという願いから，子どもの様子を観察し，縄をつけたり，外したりと試行錯誤することで，子どもの興味を引き，子どもにとって遊んでみたいと思える遊具になった。その結果，子どもが多様な動きの経験を経験することができた。

　固定遊具は，小型遊具とは違い動かすことができない。そのため，戸外

写真10-5　縄を伝って登ってみよう

写真10-6　もう少し上に行ってみたいな

写真10-7　一人で登ってみよう

写真10-8　てっぺん目指すよ

写真10-9　ブランコにもなるよ

の環境が年間を通して固定的になっていることがある。子どもが常に遊んでいるとしても，子どもの興味や関心，発達段階に合わせて，園庭の使い方・固定遊具の使い方については見直しをしていく必要があるだろう。たとえば，ジャングルジムは登ったり，降りたりを楽しむ遊具と思ってしまうと，登る・降りるという動きの経験になってしまう。しかし，最下段のみに布やスズランテープのカーテンをつけることで"なんだろう？"と四つ這いになりくぐり抜けようとする動きが見られるかもしれない。また，枠に数字やマークなどの的をつけ，ボールを用意すれば的あてになり，投げるという経験になる。固定遊具も有意義に活用し，つい遊びたくなるような環境構成を考えていきたい。

事例10-2　どうしたら，履けるようになるかな？

「自分で」とズボンをはこうとするA君。しかし，自分ではまだ履くことが難しい。保育者の膝の上に座り援助してもらうと，何とか自分で履くことができた。次のステップとして，保育者の膝代わりになるような腰掛を用意した。しかし，足を入れ履こうとするがフラフラしてなかなか履けず，保育者の援助が必要だった。そこで，腰掛を長いものにしてみた。すると，おぼつかないながら片足ずつ足を入れ両足が入ったところで，立ち上がり「履けた」ととてもうれしそうにしていた。長い腰掛にすることで，安定して座ることができ保育者の援助なく履くことができた。さらに，隣に友達がいるということもやってみようという気持ちを促しているように感じた。

1・2歳のころは，日々できることが増えてきて，自分でやりたいという気持ちが強くなる。しかし，ひとりではできずにイライラすることもあるだろう。子どもの様子を観察しながら必要に応じて言葉をかけたり，援助をしたりしていくことが求められる。さらに事例のように，子どもがよりやりやすいような環境を作り出すことも大切である。

事例10-3　自分たちで，トイレに行けるよ。

乳児クラスから，幼児クラスへと進級した3歳児クラスの子どもたち。ほぼおむつは取れており，自分でトイレに行き，用を足すことができるようになって

いた。

　幼児クラスになったことで、使用するトイレが変わり、上履きからトイレ用サンダルに履き替えること、男児はできるだけ立って用をたすこと、排泄の後はトイレの水道で手を洗いペーパータオルで手を拭くこと等、身に付けなければならないことが出てきた。担任も、進級当初は一人一人に寄り添いながら援助し、徐々に新しいトイレの使い方に慣れていった。

　しかし、乳児の時のように、保育者がその都度ついていくのではなく子どもたちだけでトイレに行くようにもなり、排泄はできるものの、その後の始末やマナーに関することがなかなか身に付かずにいた。また、午睡後や幼児クラス全体での活動の前後等の排泄は出入り口や手洗い場が混み合い、動線が危険な場面も見られた。

　そこで、子どもだけでトイレに行った時も排泄後の始末がわかりやすいように、またお互いが気持ちよく使えるようマナーを身に付けられるようにという願いから、子どもたちが乳児期にマッチングのおもちゃを好んで遊んでいた経験を活かし、写真10-10や写真10-11のように並ぶ場所、サンダルの置き場を、視覚的にわかりやすく掲示し試みた。

　すると、写真10-12のように、マッチングを楽しみながら、サンダルをもとに戻そうとしたり、入り口に並んだりと、マナーを守ることができるようになった。

写真10-10　トイレの入り口

写真10-11　サンダルはきれいに

写真10-12　マッチングを楽しみながら　　写真10-13　きれいに並んでいると持ちがいいね

　基本的生活習慣の獲得にはお互いが気持ちよく過ごせるように，マナーの獲得も必要になってくる。排泄では，事例で出てきたマナー以外にも，トイレットペーパーの長さ，用を足したら水を流す，便器や水場を汚したら知らせる，ドアの開け閉めに気を付ける等がある。

　このように，教えこむのではなく，保育者は事前に子どもの主体的な活動になるよう，子どもが気付くことを誘うような環境構成を心掛けなければならない。そのうえで，子ども同士でやってみるなかでその必要性を感じること，自分でできたと感じられるようにすることで，自立を促し生活習慣の形成と自立を図ることが大切である。また，事例のように遊びを通して覚えていくことや，子どもたちが見通しを持てるような言葉がけも忘れてはならない。

(3) ICTの活用

　平成29年3月告示の幼稚園教育要領には，第1章総則に新たにつくられた項目である第2『幼稚園教育において育みたい資質・能力及び「幼児

期の終わりまでに育ってほしい姿』」に,「（5） 社会生活との関わり」として「（幼児が）幼稚園内外の様々な環境に関わる中で，遊びや生活に必要な情報を取り入れ，情報に基づき判断したり，情報を伝え合ったり，活用したりするなど，情報を役立てながら活動するようになる」との記載がなされた。その上で，同章第4「指導計画の作成と幼児理解に基づいた評価」の「3　指導計画の作成上の留意事項」で，「幼児の体験との関連を考慮する」ことを指摘しつつも，初めて，「視聴覚教材やコンピュータなど情報機器を活用する」ことに関する記載がなされ，幼児教育においても，教材のひとつとしてICT（情報通信技術）の活用が求められている。

　乳幼児期の教育は，環境を通し自主的に環境に関わることによってさまざまな活動を展開しながら，直接的に経験し学ぶことが求められている。そのため，ICTを活用していく際には，園生活での体験を補完し子どもたちが豊かな経験を得られるような工夫が必要となる。そのような中で，領域「健康」の視点から考えられる今後のICTの活用については，

・自分たちの動きの様子を撮影してみる。

・アプリを利用した，交通安全・食べ物・自分の健康を守る等の◎×クイズや，ネット動画等の映像による啓蒙教材の視聴。

・自分たちが育てた野菜の観察記録として写真を使いポートフォリオを作成する。

等が挙げられるであろう。

　また，紙芝居や絵本，エプロンシアター，ペープサート，パネルシアターなどの児童文化財や，ビデオやDVD，写真，ネット動画，音響機器などの視聴覚教材を使用して視覚や聴覚を刺激し指導することで子どもたちが学びやすいこともある。音楽が流れると自然と子どもたちの体が動き出すように，体を使った遊びや身体表現活動では，音楽を使うことで容易に子どもたちの動きや表現が引き出される。また，交通安全のDVDを見ることで事故の恐ろしさを知ったりすることなどもある。子どもに適した教材は何かを捉え，計画を立てたうえで活用することが重要である。

3．振り返りの記録と評価

（1）指導案と振り返りの評価

　質の高い保育を継続するためには，保育を振り返り，その保育を改善するための方策を講じ次の保育に活かしていかなければならない。そのためには，記録と評価が重要となる。

　ここでは，3歳児・4歳児の縦割りクラス（あかぐみ）の10月1週に行われた運動会後の保育における記録と評価について一例を紹介する。

〈9月の記録より（運動会に向けての取り組み部分のみ抽出）〉

　運動会に向けて，3・4歳児ともに「かけっこ」に興味を持ち，やりたがる姿があった。外で遊ぶことが少なく，身体を動かす経験が少なかったあかぐみにとっては，よい経験であると考え，希望がでる度に隣の公園での練習の後，かけっこをやるようにした。

　ダンス練習は，最初から踊ったのは，4歳児女児と3歳児女児の一部であった。スピーカーを通して流れる大きな音に驚いたり，音楽に合わせて踊ることに違和感があったりするなど，運動会が日常の保育とはかけ離れたところにあることがわかる。また線に並ぶ，並んで歩くなども，この時期にいきなりやるために，できない様子があった。

　運動会が近づくにつれて，ダンスも自分たちで歌って踊る姿が見られるようになる。運動会が楽しみとの声も聞こえていたが，反面，不安がある子もいて，トイレが近くなったり，登園を渋ったりする子もいた。

〈運動会当日の記録より〉

　当日は，3歳児のKが，不安な顔でやって来る。母と一緒の入場だが歩かないと言い張る。心配していた3歳児Tの姿がなく，行き渋っていて遅刻し，体操からの参加となった。4歳児は全員が自信をもった顔で笑顔でダンスを踊っていた。かけっこでもみんな参加し，Aだけが，一番でなかったことでもう一度走りたいと泣いて怒る様子があった。3歳児のダンスはT，Kが保護者から離れられず保護者とその場で見ていたが，かけっこは不安だったKも走った。Tは担任と一緒に走った。メダル授与の時には，どの子も誇らしげな顔でメダルをもらう姿があった。

　これらの記録から，子どもたちの姿として，室内遊びが中心だった子どもたちが，運動会に向けての取り組みを通し少しずつ戸外で遊ぶ経験をし

始めていることがわかる。また，運動会を無事に終えメダルをもらい満足している姿も見られる。以上の子どもたちの姿をふまえ運動会後である10月2週目の指導案を下記のように設定した。また，その計画に対しての振り返りの評価も続けて紹介する。

あかぐみ（3歳児・4歳児の縦割りクラス）　10月2週目の指導案の一部

〈ねらい・内容〉	3歳児 〇生活の中でいろいろなことに取り組む ・運動会の余韻を楽しみ，親子競技でやった忍者になり，忍者ごっこを楽しむ 4歳児 〇運動会の余韻を楽しむ ・運動会の競技や踊りを楽しむ
〈環境・援助・配慮のポイント〉	3歳児 ・戸外で体を動かす楽しさを知らせるために，運動会で使用した忍者グッズを活用したり，折り紙で手裏剣を作っておいたりし，忍者になるための修行として戸外に誘いだすようにする。 4歳児 ・運動会の余韻が楽しめるように，親子競技で使った段ボール電車を用意したり，ダンスの曲をかけたりする
〈評価の観点〉	3歳児 ・運動会の余韻を楽しみながら，戸外で遊んでいるか 4歳児 ・運動会で経験した遊びを通して，主体的に遊ぼうとしているか 保育者 ・運動会の経験を活かし，自ら遊ぼうとする環境構成ができたか

10月2週目あかぐみの記録より

　運動会の種目が浸透している。お互いの種目を熟知しており，運動会が終わっても，それをやり続ける様子があった。音楽を流すと学年関係なく自然と踊りだす姿があった。当日は踊ることがなかったK，Tも，保育室にて，未就園クラスの親子がお客さんで見にきていたが，前列で張り切って踊る様子があった。また，部屋の中で突然，「集まって」と手を繋いで輪になる。そして，4歳児のダンスを歌いながら踊る姿がある。特に，最後のポーズの部分がお気に入りで何度も繰り返しポーズをきめていた。

写真10-14 最後のポーズをやろう

写真10-15 電車に乗ってください

写真10-16 一緒に遊ぼう

写真10-17 手裏剣とばせるかな

　日常の保育の中でも運動会で使用した備品（①段ボール電車，②忍者の冠）で遊ぶ様子が見られた。

　①　段ボール電車（4歳児の親子競技で使用）

　4歳児が3歳児を乗せて走ったり，駅を作ってお客さんが入れ替わったり，順番を守ろうとしたり，相手に合わせて歩く姿が見られた。また，自分がやりたいことで遊ぶことが中心だった3歳児が，同じ遊びを「一緒にやろう」と誘い合う姿が見られ，気がつくと何人かで電車ごっこを一緒にやっていることが増えてきた。

　②　忍者の冠（3歳児の親子競技で使用）

　忍者の冠をつけることで，忍者になりきり園庭に出て修行を始めた。また，冠だけでなく手裏剣を作ると，手裏剣を手に持ち園庭でポーズを決めたり，園庭中を走り回ったり，5歳児の遊びをじっと見つめたり，走り回

る中で木の実を見つけ色水遊びをする姿が見られた。特に，行き渋りが続いていたTは，物を頼りながら登園しているため，運動会では父と楽しそうに参加していた忍者グッズが手掛かりにならないかと思い誘ってみたところ，忍者になりきり園庭で遊ぶようになった。登園すると，「さあ，忍者の修行にでかけよう」と誘いかけて，戸外遊びにつなげるようにした。園庭にでても，保育者とフラフラと歩くだけだったTだが，園庭の隅々まで修行に出かける姿が見られるようになった。

写真10-18　どんなところも行けるよ

|観点に照らした評価|

3歳児…運動会の余韻を楽しみながら，戸外で遊んでいるか
　　　　　　↓

　4歳児と一緒に，運動会で経験した踊りを踊ったり，電車に乗せてもらったりと，身体を使って遊ぶことも楽しめるようになってきた。さらに，電車ごっこを通して，一緒に遊ぼうと友達を誘い合う姿が見られるようになった。また，運動会で使用した冠と手裏剣がきっかけとなり，忍者になりきる姿が見られた。あまり戸外で遊ぶことがなかった子どもが，園庭にでて遊ぶことができた。しかし，電車ごっこで遊ぶ子どもや室内で踊りを楽しむ子たちもおり，進んで戸外で遊ぶことまでには至らなかった。

4歳児…運動会で経験した遊びを通して，主体的に遊ぼうとしているか
　　　　　　↓

　踊り，電車ごっこも保育者が運動会での経験を引き続き遊べるように環境を構成していたが，徐々に自分たちで友達を誘い合い歌いながら踊ったり，電車ごっこでは，駅を作り出したりと主体的に遊びを展開し取り組

むことができるようになった。また，3歳児に対して声をかけて遊びに誘い，一緒に遊ぼうとするようになった。

保育者…運動会の経験を活かし，自ら遊ぼうとする環境構成ができたか
　　　　　　　↓
　運動会で使用した音楽を流したり，電車や忍者の冠・手裏剣を用意したりするなどして，遊びを継続させるなかで，自ら遊ぼうとする環境構成はできた。そのなかで，自ら遊ぼうとする姿や戸外に出て身体を使って遊ぶ姿もみられるようになったが，電車遊びなどは子どもたちの遊びの様子を見ながら戸外へと促すこともできたのではないだろうか。また，4歳児が電車遊びをしているときに駅をつくったり，音楽を流さなくても自分で歌を歌いながら踊ったり，忍者遊びから色水遊びへと変化したりと遊びへの意欲が見られるので，環境の工夫が必要である。

評価を踏まえた指導計画の改善（次週の環境構成）
3歳児
○戸外遊びでいろいろなことに取り組めるように，保育者と一緒に固定遊具を使った忍者の修行をしたり，線路を園庭に伸ばし電車遊びを戸外に促したりする。
○色水遊びから，秋の自然に気づくようにしていく。
○友達と遊ぼうとする姿を認めながら，イメージの橋渡しをしていく。
4歳児
○主体的に遊ぶ姿を認め，遊びの展開に合わせて対応できるように準備を整え（駅舎をつくることができるような用具，自分たちで踊りを楽しめるようにデッキや洋服の用意等），柔軟に対応できるようにする。

　このように，記録をもとに，幼児の発達の理解と保育者の指導の改善の視点から保育の評価をし，改善すべき点を考え，改めて次の活動の指導案を立てることの繰り返しが大切である。

(2) 記録・評価のポイント

　記録には，週案や日案の反省・記録や環境図の記録・個人記録などがある。何を経験しその経験で，どのようなことが育とうとしているか・遊びのどこに面白さを感じているのか・何がきっかけとなって変化が見られたのか・保育者の願いや援助はどのようなもので，結果どうだったのか，次の援助をどう考えているか等を視点として，次の保育に生きる記録をとる工夫をする必要がある。

　また，評価は，評価の観点に従って，子ども側と保育者側から評価を行う。さらに，評価は，妥当性や信頼性が高められるよう創意工夫が必要である。日々の保育後に保育を振り返り評価をすることはもちろん，子ども一人一人のよさや可能性を把握するために，日々の記録やエピソード記録，ポートフォリオやドキュメンテーションなどを蓄積し，複数の教職員で，それぞれの判断の根拠となっている考え方を突き合わせながら　同じ子どものよさを捉えたりして，より多面的に子どもを捉える工夫をするとともに，園内研修などで共有しながら園全体で組織的かつ計画的に取り組むことも大切である。

まとめの課題
1．実際に指導案を作成し，模擬保育をしてみよう。
2．健康・安全教育について教材研究をしてみよう。
3．年間計画を参考に，毎月にどのような食育活動ができるか考えてみよう。
4．基本的な生活習慣を身に付けるためにはどのような援助が考えられるかを発達段階に合わせて考えてみよう。

引用文献
1）森上史朗・柏女霊峰：保育用語辞典第8版，ミネルヴァ書房，2016, p.153

参考文献

- 神永直美：フォトランゲージで学ぶ子どもの育ちと実習日誌・指導計画，萌文書林，2016
- 神長美津子・大竹節子・篠原孝子・佐藤暁子・川原佐公：3・4・5歳児の指導計画書書き方サポート，ひかりのくに株式会社，2017
- 文部科学省：幼稚園教育指導資料1集指導計画の作成と保育の展開，フレーベル館，2013
- 髙橋美保：保育者のための食育サポートブック，ひかりのくに株式会社，2015
- 横山洋子：記入に役立つ！　5歳児の指導計画，ナツメ社，2018

事例・写真提供

学校法人太田学園　港南台幼稚園
学校法人二階堂学園　日本女子体育大学附属みどり幼稚園
社会福祉法人青柳保育会　中野打越保育園

学校教育法（抄）（平成30年6月1日法律第39号改正，平成31年4月1日施行）
昭和22年3月31日法律第26号

第二十二条　幼稚園は，義務教育及びその後の教育の基礎を培うものとして，幼児を保育し，幼児の健やかな成長のために適当な環境を与えて，その心身の発達を助長することを目的とする。

第二十三条　幼稚園における教育は，前条に規定する目的を実現するため，次に掲げる目標を達成するよう行われるものとする。
　一　健康，安全で幸福な生活のために必要な基本的な習慣を養い，身体諸機能の調和的発達を図ること。
　二　集団生活を通じて，喜んでこれに参加する態度を養うとともに家族や身近な人への信頼感を深め，自主，自律及び協同の精神並びに規範意識の芽生えを養うこと。
　三　身近な社会生活，生命及び自然に対する興味を養い，それらに対する正しい理解と態度及び思考力の芽生えを養うこと。
　四　日常の会話や，絵本，童話等に親しむことを通じて，言葉の使い方を正しく導くとともに，相手の話を理解しようとする態度を養うこと。
　五　音楽，身体による表現，造形等に親しむことを通じて，豊かな感性と表現力の芽生えを養うこと。

幼稚園教育要領（抄）（平成29年3月31日改正，平成30年4月1日施行）
平成29年文部科学省告示第62号

第1章　総　　則
第1　幼稚園教育の基本

　幼児期の教育は，生涯にわたる人格形成の基礎を培う重要なものであり，幼稚園教育は，学校教育法に規定する目的及び目標を達成するため，幼児期の特性を踏まえ，環境を通して行うものであることを基本とする。

　このため教師は，幼児との信頼関係を十分に築き，幼児が身近な環境に主体的に関わり，環境との関わり方や意味に気付き，これらを取り込もうとして，試行錯誤したり，考えたりするようになる幼児期の教育における見方・考え方を生かし，幼児と共によりよい教育環境を創造するように努めるものとする。これらを踏まえ，次に示す事項を重視して教育を行わなければならない。
　1　幼児は安定した情緒の下で自己を十分に発揮することにより発達に必要な体験を得ていくものであることを考慮して，幼児の主体的な活動を促し，幼児期にふさわしい生活が展開されるようにすること。
　2　幼児の自発的な活動としての遊びは，心身の調和のとれた発達の基礎を培う重要な学習であることを考慮して，遊びを通しての指導を中心として第2章に示すねらいが総合的に達成されるようにすること。
　3　幼児の発達は，心身の諸側面が相互に関連し合い，多様な経過をたどって成し遂げられていくものであること，また，幼児の生活経験がそれぞれ異なることなどを考慮して，幼児一人一人の特性に応じ，発達の課題に即した指導を行うようにすること。

　その際，教師は，幼児の主体的な活動が確保されるよう幼児一人一人の行動の理解と予想に基づき，計画的に環境を構成しなければならない。この場合において，教師は，幼児と人やものとの関わりが重要であることを踏まえ，教材を工夫し，物的・空間的環境を構成しなければならない。また，幼児一人一人の活動の場面に応じて，様々な役割を果たし，その活動を豊かにしなければならない。

第2　幼稚園教育において育みたい資質・能力及び「幼児期の終わりまでに育ってほしい姿」
　1　幼稚園においては，生きる力の基礎を育むため，この章の第1に示す幼稚園教育の基本を踏ま

え，次に掲げる資質・能力を一体的に育むよう努めるものとする。
(1) 豊かな体験を通じて，感じたり，気付いたり，分かったり，できるようになったりする「知識及び技能の基礎」
(2) 気付いたことや，できるようになったことなどを使い，考えたり，試したり，工夫したり，表現したりする「思考力，判断力，表現力等の基礎」
(3) 心情，意欲，態度が育つ中で，よりよい生活を営もうとする「学びに向かう力，人間性等」
2　1に示す資質・能力は，第2章に示すねらい及び内容に基づく活動全体によって育むものである。
3　次に示す「幼児期の終わりまでに育ってほしい姿」は，第2章に示すねらい及び内容に基づく活動全体を通して資質・能力が育まれている幼児の幼稚園修了時の具体的な姿であり，教師が指導を行う際に考慮するものである。
　(1) 健康な心と体
　　　幼稚園生活の中で，充実感をもって自分のやりたいことに向かって心と体を十分に働かせ，見通しをもって行動し，自ら健康で安全な生活をつくり出すようになる。
　(2) 自立心
　　　身近な環境に主体的に関わり様々な活動を楽しむ中で，しなければならないことを自覚し，自分の力で行うために考えたり，工夫したりしながら，諦めずにやり遂げることで達成感を味わい，自信をもって行動するようになる。
　(3) 協同性
　　　友達と関わる中で，互いの思いや考えなどを共有し，共通の目的の実現に向けて，考えたり，工夫したり，協力したりし，充実感をもってやり遂げるようになる。
　(4) 道徳性・規範意識の芽生え
　　　友達と様々な体験を重ねる中で，してよいことや悪いことが分かり，自分の行動を振り返ったり，友達の気持ちに共感したりし，相手の立場に立って行動するようになる。また，きまりを守る必要性が分かり，自分の気持ちを調整し，友達と折り合いを付けながら，きまりをつくったり，守ったりするようになる。
　(5) 社会生活との関わり
　　　家族を大切にしようとする気持ちをもつとともに，地域の身近な人と触れ合う中で，人との様々な関わり方に気付き，相手の気持ちを考えて関わり，自分が役に立つ喜びを感じ，地域に親しみをもつようになる。また，幼稚園内外の様々な環境に関わる中で，遊びや生活に必要な情報を取り入れ，情報に基づき判断したり，情報を伝え合ったり，活用したりするなど，情報を役立てながら活動するようになるとともに，公共の施設を大切に利用するなどして，社会とのつながりなどを意識するようになる。
　(6) 思考力の芽生え
　　　身近な事象に積極的に関わる中で，物の性質や仕組みなどを感じ取ったり，気付いたりし，考えたり，予想したり，工夫したりするなど，多様な関わりを楽しむようになる。また，友達の様々な考えに触れる中で，自分と異なる考えがあることに気付き，自ら判断したり，考え直したりするなど，新しい考えを生み出す喜びを味わいながら，自分の考えをよりよいものにするようになる。
　(7) 自然との関わり・生命尊重
　　　自然に触れて感動する体験を通して，自然の変化などを感じ取り，好奇心や探究心をもって考え言葉などで表現しながら，身近な事象への関心が高まるとともに，自然への愛情や畏敬の念をもつようになる。また，身近な動植物に心を動かされる中で，生命の不思議さや尊さに気付き，身近な動植物への接し方を考え，命あるものとしていたわり，大切にする気持ちをもって関わるようになる。
　(8) 数量や図形，標識や文字などへの関心・感覚
　　　遊びや生活の中で，数量や図形，標識や文字などに親しむ体験を重ねたり，標識や文字の役割に気付いたりし，自らの必要感に基づきこれらを活用し，興味や関心，感覚をもつようになる。

(9) 言葉による伝え合い
　　先生や友達と心を通わせる中で，絵本や物語などに親しみながら，豊かな言葉や表現を身に付け，経験したことや考えたことなどを言葉で伝えたり，相手の話を注意して聞いたりし，言葉による伝え合いを楽しむようになる。
(10) 豊かな感性と表現
　　心を動かす出来事などに触れ感性を働かせる中で，様々な素材の特徴や表現の仕方などに気付き，感じたことや考えたことを自分で表現したり，友達同士で表現する過程を楽しんだりし，表現する喜びを味わい，意欲をもつようになる。

第3　教育課程の役割と編成等（略）

第4　指導計画の作成と幼児理解に基づいた評価

1　指導計画の考え方
　　幼稚園教育は，幼児が自ら意欲をもって環境と関わることによりつくり出される具体的な活動を通して，その目標の達成を図るものである。幼稚園においてはこのことを踏まえ，幼児期にふさわしい生活が展開され，適切な指導が行われるよう，それぞれの幼稚園の教育課程に基づき，調和のとれた組織的，発展的な指導計画を作成し，幼児の活動に沿った柔軟な指導を行わなければならない。

2　指導計画の作成上の基本的事項
(1) 指導計画は，幼児の発達に即して一人一人の幼児が幼児期にふさわしい生活を展開し，必要な体験を得られるようにするために，具体的に作成するものとする。
(2) 指導計画の作成に当たっては，次に示すところにより，具体的なねらい及び内容を明確に設定し，適切な環境を構成することなどにより活動が選択・展開されるようにするものとする。
　ア　具体的なねらい及び内容は，幼稚園生活における幼児の発達の過程を見通し，幼児の生活の連続性，季節の変化などを考慮して，幼児の興味や関心，発達の実情などに応じて設定すること。
　イ　環境は，具体的なねらいを達成するために適切なものとなるように構成し，幼児が自らその環境に関わることにより様々な活動を展開しつつ必要な体験を得られるようにすること。その際，幼児の生活する姿や発想を大切にし，常にその環境が適切なものとなるようにすること。
　ウ　幼児の行う具体的な活動は，生活の流れの中で様々に変化するものであることに留意し，幼児が望ましい方向に向かって自ら活動を展開していくことができるよう必要な援助をすること。

　　その際，幼児の実態及び幼児を取り巻く状況の変化などに即して指導の過程についての評価を適切に行い，常に指導計画の改善を図るものとする。

3　指導計画の作成の留意事項（略）
4　幼児理解に基づいた評価の実施
　　幼児一人一人の発達の理解に基づいた評価の実施に当たっては，次の事項に配慮するものとする。
(1) 指導の過程を振り返りながら幼児の理解を進め，幼児一人一人のよさや可能性などを把握し，指導の改善に生かすようにすること。その際，他の幼児との比較や一定の基準に対する達成度についての評定によって捉えるものではないことに留意すること。
(2) 評価の妥当性や信頼性が高められるよう創意工夫を行い，組織的かつ計画的な取組を推進するとともに，次年度又は小学校等にその内容が適切に引き継がれるようにすること。

第5～第7（略）

第2章 ねらい及び内容
健康
（健康な心と体を育て，自ら健康で安全な生活をつくり出す力を養う。）
1　ねらい
　(1)　明るく伸び伸びと行動し，充実感を味わう。
　(2)　自分の体を十分に動かし，進んで運動しようとする。
　(3)　健康，安全な生活に必要な習慣や態度を身に付け，見通しをもって行動する。
2　内容
　(1)　先生や友達と触れ合い，安定感をもって行動する。
　(2)　いろいろな遊びの中で十分に体を動かす。
　(3)　進んで戸外で遊ぶ。
　(4)　様々な活動に親しみ，楽しんで取り組む。
　(5)　先生や友達と食べることを楽しみ，食べ物への興味や関心をもつ。
　(6)　健康な生活のリズムを身に付ける。
　(7)　身の回りを清潔にし，衣服の着脱，食事，排泄などの生活に必要な活動を自分でする。
　(8)　幼稚園における生活の仕方を知り，自分たちで生活の場を整えながら見通しをもって行動する。
　(9)　自分の健康に関心をもち，病気の予防などに必要な活動を進んで行う。
　(10)　危険な場所，危険な遊び方，災害時などの行動の仕方が分かり，安全に気を付けて行動する。
3　内容の取扱い
　　上記の取扱いに当たっては，次の事項に留意する必要がある。
(1)　心と体の健康は，相互に密接な関連があるものであることを踏まえ，幼児が教師や他の幼児との温かい触れ合いの中で自己の存在感や充実感を味わうことなどを基盤として，しなやかな心と体の発達を促すこと。特に，十分に体を動かす気持ちよさを体験し，自ら体を動かそうとする意欲が育つようにすること。
(2)　様々な遊びの中で，幼児が興味や関心，能力に応じて全身を使って活動することにより，体を動かす楽しさを味わい，自分の体を大切にしようとする気持ちが育つようにすること。その際，多様な動きを経験する中で，体の動きを調整するようにすること。
(3)　自然の中で伸び伸びと体を動かして遊ぶことにより，体の諸機能の発達が促されることに留意し，幼児の興味や関心が戸外にも向くようにすること。その際，幼児の動線に配慮した園庭や遊具の配置などを工夫すること。
(4)　健康な心と体を育てるためには食育を通じた望ましい食習慣の形成が大切であることを踏まえ，幼児の食生活の実情に配慮し，和やかな雰囲気の中で教師や他の幼児と食べる喜びや楽しさを味わったり，様々な食べ物への興味や関心をもったりするなどし，食の大切さに気付き，進んで食べようとする気持ちが育つようにすること。
(5)　基本的な生活習慣の形成に当たっては，家庭での生活経験に配慮し，幼児の自立心を育て，幼児が他の幼児と関わりながら主体的な活動を展開する中で，生活に必要な習慣を身に付け，次第に見通しをもって行動できるようにすること。
(6)　安全に関する指導に当たっては，情緒の安定を図り，遊びを通して安全についての構えを身に付け，危険な場所や事物などが分かり，安全についての理解を深めるようにすること。また，交通安全の習慣を身に付けるようにするとともに，避難訓練などを通して，災害などの緊急時に適切な行動がとれるようにすること。

保育所保育指針（抄）（平成29年3月31日改正，平成30年4月1日施行）

平成29年厚生労働省告示第117号

第1章　総　則

　　この指針は，児童福祉施設の設備及び運営に関する基準（昭和23年厚生省令第63号。以下「設備運営

基準」という。）第35条の規定に基づき，保育所における保育の内容に関する事項及びこれに関連する運営に関する事項を定めるものである。各保育所は，この指針において規定される保育の内容に係る基本原則に関する事項等を踏まえ，各保育所の実情に応じて創意工夫を図り，保育所の機能及び質の向上に努めなければならない。

1 保育所保育に関する基本原則
 (1) 保育所の役割（略）
 (2) 保育の目標
  ア 保育所は，子どもが生涯にわたる人間形成にとって極めて重要な時期に，その生活時間の大半を過ごす場である。このため，保育所の保育は，子どもが現在を最も良く生き，望ましい未来をつくり出す力の基礎を培うために，次の目標を目指して行わなければならない。
   (ｱ) 十分に養護の行き届いた環境の下に，くつろいだ雰囲気の中で子どもの様々な欲求を満たし，生命の保持及び情緒の安定を図ること。
   (ｲ) 健康，安全など生活に必要な基本的な習慣や態度を養い，心身の健康の基礎を培うこと。
   (ｳ) 人との関わりの中で，人に対する愛情と信頼感，そして人権を大切にする心を育てるとともに，自主，自立及び協調の態度を養い，道徳性の芽生えを培うこと。
   (ｴ) 生命，自然及び社会の事象についての興味や関心を育て，それらに対する豊かな心情や思考力の芽生えを培うこと。
   (ｵ) 生活の中で，言葉への興味や関心を育て，話したり，聞いたり，相手の話を理解しようとするなど，言葉の豊かさを養うこと。
   (ｶ) 様々な体験を通して，豊かな感性や表現力を育み，創造性の芽生えを培うこと。
  イ 保育所は，入所する子どもの保護者に対し，その意向を受け止め，子どもと保護者の安定した関係に配慮し，保育所の特性や保育士等の専門性を生かして，その援助に当たらなければならない。

（略）

第2章 保育の内容
1 乳児保育に関わるねらい及び内容
 (1) 基本的事項
  ア 乳児期の発達については，視覚，聴覚などの感覚や，座る，はう，歩くなどの運動機能が著しく発達し，特定の大人との応答的な関わりを通じて，情緒的な絆が形成されるといった特徴がある。これらの発達の特徴を踏まえて，乳児保育は，愛情豊かに，応答的に行われることが特に必要である。
  イ 本項においては，この時期の発達の特徴を踏まえ，乳児保育の「ねらい」及び「内容」については，身体的発達に関する視点「健やかに伸び伸びと育つ」，社会的発達に関する視点「身近な人と気持ちが通じ合う」及び精神的発達に関する視点「身近なものと関わり感性が育つ」としてまとめ，示している。
  ウ 本項の各視点において示す保育の内容は，第1章の2に示された養護における「生命の保持」及び「情緒の安定」に関わる保育の内容と，一体となって展開されるものであることに留意が必要である。
 (2) ねらい及び内容
  ア 健やかに伸び伸びと育つ
   健康な心と体を育て，自ら健康で安全な生活をつくり出す力の基盤を培う。
   (ｱ) ねらい
    ① 身体感覚が育ち，快適な環境に心地よさを感じる。
    ② 伸び伸びと体を動かし，はう，歩くなどの運動をしようとする。
    ③ 食事，睡眠等の生活のリズムの感覚が芽生える。
   (ｲ) 内 容

① 保育士等の愛情豊かな受容の下で，生理的・心理的欲求を満たし，心地よく生活をする。
② 一人一人の発育に応じて，はう，立つ，歩くなど，十分に体を動かす。
③ 個人差に応じて授乳を行い，離乳を進めていく中で，様々な食品に少しずつ慣れ，食べることを楽しむ。
④ 一人一人の生活のリズムに応じて，安全な環境の下で十分に午睡をする。
⑤ おむつ交換や衣服の着脱などを通じて，清潔になることの心地よさを感じる。
　(ウ) 内容の取扱い
　　　上記の取扱いに当たっては，次の事項に留意する必要がある。
① 心と体の健康は，相互に密接な関連があるものであることを踏まえ，温かい触れ合いの中で，心と体の発達を促すこと。特に，寝返り，お座り，はいはい，つかまり立ち，伝い歩きなど，発育に応じて，遊びの中で体を動かす機会を十分に確保し，自ら体を動かそうとする意欲が育つようにすること。
② 健康な心と体を育てるためには望ましい食習慣の形成が重要であることを踏まえ，離乳食が完了期へと徐々に移行する中で，様々な食品に慣れるようにするとともに，和やかな雰囲気の中で食べる喜びや楽しさを味わい，進んで食べようとする気持ちが育つようにすること。なお，食物アレルギーのある子どもへの対応については，嘱託医等の指示や協力の下に適切に対応すること。
イ　身近な人と気持ちが通じ合う
　受容的・応答的な関わりの下で，何かを伝えようとする意欲や身近な大人との信頼関係を育て，人と関わる力の基盤を培う。
　(ア) ねらい
① 安心できる関係の下で，身近な人と共に過ごす喜びを感じる。
② 体の動きや表情，発声等により，保育士等と気持ちを通わせようとする。
③ 身近な人と親しみ，関わりを深め，愛情や信頼感が芽生える。
　(イ) 内　容
① 子どもからの働きかけを踏まえた，応答的な触れ合いや言葉がけによって，欲求が満たされ，安定感をもって過ごす。
② 体の動きや表情，発声，喃語(なん)等を優しく受け止めてもらい，保育士等とのやり取りを楽しむ。
③ 生活や遊びの中で，自分の身近な人の存在に気付き，親しみの気持ちを表す。
④ 保育士等による語りかけや歌いかけ，発声や喃語等への応答を通じて，言葉の理解や発語の意欲が育つ。
⑤ 温かく，受容的な関わりを通じて，自分を肯定する気持ちが芽生える。
　(ウ) 内容の取扱い
　　　上記の取扱いに当たっては，次の事項に留意する必要がある。
① 保育士等との信頼関係に支えられて生活を確立していくことが人と関わる基盤となることを考慮して，子どもの多様な感情を受け止め，温かく受容的・応答的に関わり，一人一人に応じた適切な援助を行うようにすること。
② 身近な人に親しみをもって接し，自分の感情などを表し，それに相手が応答する言葉を聞くことを通して，次第に言葉が獲得されていくことを考慮して，楽しい雰囲気の中での保育士等との関わり合いを大切にし，ゆっくりと優しく話しかけるなど，積極的に言葉のやり取りを楽しむことができるようにすること。
ウ　身近なものと関わり感性が育つ
　身近な環境に興味や好奇心をもって関わり，感じたことや考えたことを表現する力の基盤を培う。
　(ア) ねらい
① 身の回りのものに親しみ，様々なものに興味や関心をもつ。
② 見る，触れる，探索するなど，身近な環境に自分から関わろうとする。

　　　　③ 身体の諸感覚による認識が豊かになり，表情や手足，体の動き等で表現する。
　　(イ) 内　容
　　　　① 身近な生活用具，玩具や絵本などが用意された中で，身の回りのものに対する興味や好奇心をもつ。
　　　　② 生活や遊びの中で様々なものに触れ，音，形，色，手触りなどに気付き，感覚の働きを豊かにする。
　　　　③ 保育士等と一緒に様々な色彩や形のものや絵本などを見る。
　　　　④ 玩具や身の回りのものを，つまむ，つかむ，たたく，引っ張るなど，手や指を使って遊ぶ。
　　　　⑤ 保育士等のあやし遊びに機嫌よく応じたり，歌やリズムに合わせて手足や体を動かして楽しんだりする。
　　(ウ) 内容の取扱い
　　　　上記の取扱いに当たっては，次の事項に留意する必要がある。
　　　　① 玩具などは，音質，形，色，大きさなど子どもの発達状態に応じて適切なものを選び，その時々の子どもの興味や関心を踏まえるなど，遊びを通して感覚の発達が促されるものとなるように工夫すること。なお，安全な環境の下で，子どもが探索意欲を満たして自由に遊べるよう，身の回りのものについては，常に十分な点検を行うこと。
　　　　② 乳児期においては，表情，発声，体の動きなどで，感情を表現することが多いことから，これらの表現しようとする意欲を積極的に受け止めて，子どもが様々な活動を楽しむことを通して表現が豊かになるようにすること。
　(3) 保育の実施に関わる配慮事項（略）
2　1歳以上3歳未満児の保育に関わるねらい及び内容
　(1) 基本的事項
　　ア　この時期においては，歩き始めから，歩く，走る，跳ぶなどへと，基本的な運動機能が次第に発達し，排泄の自立のための身体的機能も整うようになる。つまむ，めくるなどの指先の機能も発達し，食事，衣類の着脱なども，保育士等の援助の下で自分で行うようになる。発声も明瞭になり，語彙も増加し，自分の意思や欲求を言葉で表出できるようになる。このように自分でできることが増えてくる時期であることから，保育士等は，子どもの生活の安定を図りながら，自分でしようとする気持ちを尊重し，温かく見守るとともに，愛情豊かに，応答的に関わることが必要である。
　　イ　本項においては，この時期の発達の特徴を踏まえ，保育の「ねらい」及び「内容」について，心身の健康に関する領域「健康」，人との関わりに関する領域「人間関係」，身近な環境との関わりに関する領域「環境」，言葉の獲得に関する領域「言葉」及び感性と表現に関する領域「表現」としてまとめ，示している。
　　ウ　本項の各領域において示す保育の内容は，第1章の2に示された養護における「生命の保持」及び「情緒の安定」に関わる保育の内容と，一体となって展開されるものであることに留意が必要である。
　(2) ねらい及び内容

(略)

　　ア　健　康
　　　　健康な心と体を育て，自ら健康で安全な生活をつくり出す力を養う。
　　(ア) ねらい
　　　　① 明るく伸び伸びと生活し，自分から体を動かすことを楽しむ。
　　　　② 自分の体を十分に動かし，様々な動きをしようとする。
　　　　③ 健康，安全な生活に必要な習慣に気付き，自分でしてみようとする気持ちが育つ。
　　(イ) 内容
　　　　① 保育士等の愛情豊かな受容の下で，安定感をもって生活をする。

② 食事や午睡，遊びと休息など，保育所における生活のリズムが形成される。
③ 走る，跳ぶ，登る，押す，引っ張るなど全身を使う遊びを楽しむ。
④ 様々な食品や調理形態に慣れ，ゆったりとした雰囲気の中で食事や間食を楽しむ。
⑤ 身の回りを清潔に保つ心地よさを感じ，その習慣が少しずつ身に付く。
⑥ 保育士等の助けを借りながら，衣類の着脱を自分でしようとする。
⑦ 便器での排泄に慣れ，自分で排泄ができるようになる。

(ウ) 内容の取扱い
上記の取扱いに当たっては，次の事項に留意する必要がある。
① 心と体の健康は，相互に密接な関連があるものであることを踏まえ，子どもの気持ちに配慮した温かい触れ合いの中で，心と体の発達を促すこと。特に，一人一人の発育に応じて，体を動かす機会を十分に確保し，自ら体を動かそうとする意欲が育つようにすること。
② 健康な心と体を育てるためには望ましい食習慣の形成が重要であることを踏まえ，ゆったりとした雰囲気の中で食べる喜びや楽しさを味わい，進んで食べようとする気持ちが育つようにすること。なお，食物アレルギーのある子どもへの対応については，嘱託医等の指示や協力の下に適切に対応すること。
③ 排泄の習慣については，一人一人の排尿間隔等を踏まえ，おむつが汚れていないときに便器に座らせるなどにより，少しずつ慣れさせるようにすること。
④ 食事，排泄，睡眠，衣類の着脱，身の回りを清潔にすることなど，生活に必要な基本的な習慣については，一人一人の状態に応じ，落ち着いた雰囲気の中で行うようにし，子どもが自分でしようとする気持ちを尊重すること。また，基本的な生活習慣の形成に当たっては，家庭での生活経験に配慮し，家庭との適切な連携の下で行うようにすること。

就学前の子どもに関する教育，保育等の総合的な提供の推進に関する法律（抄）

（平成29年4月26日法律第25号改正，平成30年4月1日施行）

平成18年6月15日法律第77号

第三章　幼保連携型認定こども園

(教育及び保育の目標)

第九条　幼保連携型認定こども園においては，第二条第七項に規定する目的を実現するため，子どもに対する学校としての教育及び児童福祉施設（児童福祉法第七条第一項に規定する児童福祉施設をいう。次条第二項において同じ。）としての保育並びにその実施する保護者に対する子育て支援事業の相互の有機的な連携を図りつつ，次に掲げる目標を達成するよう当該教育及び当該保育を行うものとする。

一　健康，安全で幸福な生活のために必要な基本的な習慣を養い，身体諸機能の調和的発達を図ること。
二　集団生活を通じて，喜んでこれに参加する態度を養うとともに家族や身近な人への信頼感を深め，自主，自律及び協同の精神並びに規範意識の芽生えを養うこと。
三　身近な社会生活，生命及び自然に対する興味を養い，それらに対する正しい理解と態度及び思考力の芽生えを養うこと。
四　日常の会話や，絵本，童話等に親しむことを通じて，言葉の使い方を正しく導くとともに，相手の話を理解しようとする態度を養うこと。
五　音楽，身体による表現，造形等に親しむことを通じて，豊かな感性と表現力の芽生えを養うこと。
六　快適な生活環境の実現及び子どもと保育教諭その他の職員との信頼関係の構築を通じて，心身の健康の確保及び増進を図ること。

■編著者　　　　　　　　　　　　　　　　　　　　　　　（執筆担当）

河邉 貴子（かわべ たかこ）　聖心女子大学現代教養学部教授　　　　第1・7章
吉田 伊津美（よしだ いづみ）　東京学芸大学総合教育科学系教授　　　第2・8・9章

■著　者（50音順）

内田 裕子（うちだ ひろこ）　明星大学教育学部特任准教授　　　　　　第10章
金澤 妙子（かなざわ たえこ）　大東文化大学文学部教授　　　　　　　第5章
鈴木 康弘（すずき やすひろ）　十文字学園女子大学教育人文学部教授　第3・4・6・10章

演習 保育内容「健康」―基礎的事項の理解と指導法―

2019年（令和元年）6月15日　初版発行
2024年（令和6年）12月20日　第7刷発行

編著者　河邉 貴子
　　　　吉田 伊津美
発行者　筑紫 和男
発行所　株式会社 建帛社 KENPAKUSHA

〒112-0011　東京都文京区千石4丁目2番15号
　　　　　　TEL　(03) 3944-2611
　　　　　　FAX　(03) 3946-4377
　　　　　　https://www.kenpakusha.co.jp/

ISBN978-4-7679-5099-0　C3037　　　　　　　亜細亜印刷／ブロケード
© 河邉貴子・吉田伊津美ほか，2019.　　　　　Printed in Japan
（定価はカバーに表示してあります）

本書の複製権・翻訳権・上映権・公衆送信権等は株式会社建帛社が保有します。
JCOPY〈出版者著作権管理機構　委託出版物〉
本書の無断複製は著作権法上での例外を除き禁じられています。複製される場合は，そのつど事前に，出版者著作権管理機構（TEL03-5244-5088, FAX 03-5244-5089, e-mail : info@jcopy.or.jp）の許諾を得て下さい。